指向育人范式转变的
生物学实验课程研究

谈　雷 / 主编

河海大學出版社
HOHAI UNIVERSITY PRESS
·南京·

内 容 提 要

为更好地实现育人范式转型，提高学生的生物学核心素养，构建一套促进师生共同发展的高中生物学实验课程是十分重要的。全书分为五章：第一章是关于实验课程理论的研究；第二章基于人教版《高中生物学　必修1　分子与细胞》中的重组实验课程，详细介绍了如何将人教版《高中生物学　必修1　分子与细胞》中的实验进行拆分、拓展、重组后融入课堂教学的具体实例；第三章是学科融合实验课程，突出介绍了生物学实验与其他学科知识有机结合的具体实例；第四章是大学先修实验课程，主要介绍部分动植物解剖及生理学实验等，适合参加生物奥赛的学生选修；第五章是实验课程的评价体系，重点介绍了实验课程的多元化评价方式及相关实例。

图书在版编目(CIP)数据

指向育人范式转变的生物学实验课程研究 / 谈雷主编. --南京：河海大学出版社，2022.8

ISBN 978-7-5630-7641-3

Ⅰ. ①指… Ⅱ. ①谈… Ⅲ. ①生物课一实验一教学研究一高中 Ⅳ. ①G633.912

中国版本图书馆 CIP 数据核字(2022)第 152999 号

书　　名　指向育人范式转变的生物学实验课程研究
ZHIXIANG YUREN FANSHI ZHUANBIAN DE SHENGWUXUE SHIYAN KECHENG YANJIU
书　　号　ISBN 978-7-5630-7641-3
责任编辑　陈丽茹
特约校对　李春英
装帧设计　王云华　姚琴娣
出版发行　河海大学出版社
地　　址　南京市西康路1号(邮编:210098)
网　　址　http://www.hhup.com
电　　话　(025)83737852(总编室)
(025)83722833(营销部)
经　　销　江苏省新华发行集团有限公司
排　　版　南京布克文化发展有限公司
印　　刷　苏州市古得堡数码印刷有限公司
开　　本　718毫米×1000毫米　1/16
印　　张　10
字　　数　183千字
版　　次　2022年8月第1版
印　　次　2022年8月第1次印刷
定　　价　68.00元

目 录

第一章　生物学实验课程理论研究 …… 001
第一节　研究背景 …… 001
第二节　研究内容 …… 002
第三节　研究意义 …… 004

第二章　基于人教版《高中生物学　必修1　分子与细胞》的重组实验课程 …… 006
第一节　重组实验课程一:走近细胞 …… 006
第二节　重组实验课程二:细胞的分子组成 …… 016
第三节　重组实验课程三:细胞的基本结构 …… 038
第四节　重组实验课程四:细胞的物质输入和输出 …… 051
第五节　重组实验课程五:细胞的能量供应和利用 …… 061
第六节　重组实验课程六:细胞的生命历程 …… 093

第三章　学科融合实验课程 …… 108
第一节　与数学学科融合:定量分析离体叶绿素在光照下的含量变化 …… 108
第二节　与化学学科融合:发酵技术与蒸馏工艺实践——猕猴桃果酒制作与品质鉴定 …… 111
第三节　与信息技术融合:通过模拟实验探究光照强度对光合作用的影响 …… 114
第四节　与美术学科融合:植物敲拓染 …… 122
第五节　多学科融合:人类 ACE 基因的基因型鉴定 …… 124

第四章　大学先修实验课程 …… 128
第一节　植物表皮和气孔运动的观察 …… 128
第二节　植物细胞后含物的观察 …… 131
第三节　克氏原螯虾解剖实验 …… 133

第五章　实验课程的评价体系 …… 137
第一节　指向育人范式转变的生物学实验课程评价方案 …… 137
第二节　生物学实验报告的撰写方法与范例 …… 143
第三节　生物学实验科技论文的撰写方法与范例 …… 147

第一章　生物学实验课程理论研究

第一节　研究背景

一、新课标的要求

新课标强调要提升学生的生物学素养，并且以培养学生的生物学核心素养为目标。生物学素养是指公民参加社会生活、经济活动、生产实践和个人决策所需的生物学知识、探究能力以及相关的情感态度与价值观。生物学核心素养则包括生命观念、理性思维、科学探究和社会责任这四个方面。两者均涉及科学探究能力，而生物学是一门实验科学，学生生物学核心素养的提升离不开对生物学实验课程的学习，因而建构适合高中学生的实验课程尤为重要。

新课标提出，教学过程要重视实践。生物学课程的价值是要让学生在形成生物学核心素养的同时，能运用科学的观点、知识、思路和方法，面对和解决现实生活中的某些问题。要达成这样的课程目标，就要高度关注教学过程中的实践经历，培养和提升学生的生物学实践能力。实验课程是其中必不可少的一个环节。在教学过程中，应加强生物学实验教学和探究式教学，增加学生动手实践和体验的机会。

二、育人方式转型的需要

2017 年印发的《关于深化教育体制机制改革的意见》强调，全面落实立德树人根本任务，需要创新和改革人才培养方式，要通过创新育人方式，全面提升育人水平。因此，在基础教育过程中，必须探索育人方式的转型。

育人方式变革着重体现在从“以知识为核心”向“以素养为核心”转变。[①] 学科教育不能仅仅注重学科知识的教学，还要立足于学科的独特育人价值，学科的独特育人价值主要体现在学科的思维方法、思想观念和精神文化上。生物学实验课程就是培养学生的生物学核心素养，体现生物学科独特育人价值的一个重要手段。

育人方式变革体现在从“以教为主”转变为“以学为主”。“以学为主”的课堂主要表现在坚持以学生为中心，开展以学习为中心的教学活动，让课堂从“教师讲”转变为“学生学”。而实验课程因其特殊的课程性质，能够很好地满足学生动手实践、学生自主学习的要求，学生在实验时发现问题，在解决问题时积极主动思考，从而在不断质疑和释疑的过程中逐步养成获取新知的主动性。

育人方式变革同时还体现在从“坐而论道”转变为“学科实践”。传统的育人方式中，教师讲，学生听和记，这样静态的育人方式不利于学生综合实践能力和动手能力的提升。因此，新时代育人方式变革聚焦学生的动手实践，让学生能在课堂上动起来，将学到的知识活学活用。生物学实验课程能够很好地满足这一要求。

第二节　研究内容

一、重组实验课程

重组教材实验课程，将教材实验与生物学科大概念有机融合起来。在生物学课程中，以“教材实验”的实施为教学活动的落脚点，通过重组教材实验课程与生物学大概念的融合，完成对生物学科主干知识的学习，帮助学生形成生命观念。重组教材经典课程，以教材实验的实施为支撑，拓展学生科学思维的深度，培养学生运用科学的思维方法认识事物，解决实际问题的思维习惯和能力。

经过长期不断摸索和总结，笔者所在学校（江苏省常州高级中学）的生物学课程已初步形成了以实验统整教学的新思路，在高一实施全实验教学模式，学生的实验技能得到发展，学生的科学思维得到了发展，实验教学的探索与成效走在全省前列。通过本项目的研究与实践，我们将进一步系统地完善生物课程在实验教学方面的实施状态，包括高中生物实验体系构建、课堂教学组织实施、实验

① 余文森.育人方式变革的四个体现[J].基础教育课程，2021(Z1)：18-20.

评价体系等方面的研究，其研究成果将进一步支撑学习方式理论的实证性，将对江苏省常州高级中学生物课程的特色培育奠定基础，对育人范式转型具有深远的意义。

二、学科融合实验课程

学科融合实验，是将一个以上的学科联合开展实验操作，模糊各个学科之间的边界，使不同的学科之间产生互动和联结，来共同解释某一种现象、解决某一个问题、创造一件作品，或提出一个新的问题。一些文献中也将学科融合实验课程称为跨学科实验课程。

在生物学科单一背景下进行实验操作时，对于一些现实的综合性问题，不能完全运用生物学的实验知识解决。这个时候就需要融合运用其他学科，例如物理、化学等的概念、思想和实验方法，对提出的问题及假设进行进一步的研究，以得出最后的结论。

现阶段进行的中学学科融合实验课程，大部分都是将物理、化学、生物这三门学科进行融合。物理、化学、生物同属于自然科学的范畴，这三门学科在概念、实验原理、实验方法、实验技术、科学探究的一般步骤等内容上都有重叠，因此有利于进行学科融合实验。例如，生物实验中运用到的显微镜的成像、超速离心法及密度梯度离心法都属于物理学的范畴，而元素、化合物以及待测物质与试剂发生的反应都需要运用化学的相关原理解释。基于这三门学科的学科融合实验，就可以将不同学科的实验内容进行整合和完善，在实验方法上进行创新，而不仅仅局限于单一学科的实验方法。实验器材也可以实现共享，构建跨学科的实验平台，打破单一学科的界限，让学生能够更好地进行自主探究实验。①

生物学科进行的科学实验，还可以同语文、政治、历史等人文学科进行融合，也可以跟艺术类学科如美术、体育等融合。例如，可以引导学生们运用科学实验的方法，将人文学科中的一些文字表述具象化。让学生在进行实验的同时，提高人文素养。

三、大学先修实验课程

大学先修课程指在高中阶段开设与大学相关课程的学业水平及评价标准相

① 蒋选荣，蔡阳，陆奇.统整跨学科实验教学 发展高中学生核心素养[J].教育与装备研究，2021，37(9)：55-59.

同的课程。实验课程作为大学课程中比重较大的一部分，是大学先修课程中很重要的一部分。

大学先修课程有以下几个优点。首先，通过大学先修课程的开展，学生们可以根据自己的兴趣爱好选择相应的课程，充分发挥自身的特长，在进入大学学习之前先一步了解大学的学习模式和评价模式，以便今后能够更好地适应大学生活，这充分体现了以学生为中心的教学理念。其次，大学先修课程可以帮助学生提前了解自己喜欢的大学相关专业，为今后择校及选择专业奠定基础，也为未来的就业提供方向。再次，通过大学先修课程提前接触这一领域中更加深入的知识，能够让学生掌握在这一领域探索需要的更加成熟和先进的技术和思维方法，在进行自主探究和学习时，能够更加得心应手。①

随着科学技术的发展，现今大学先修实验课程的主要开设形式为线上授课，即大学先修课慕课（MOOCAP）。线下的大学先修课程在实施的过程中会受到时间和空间的限制，大学和高中在教学模式、教学时间安排上都存在不同，协调先修课程的开展时间和地点较为困难，因此线上的先修课程就展现出了优势。同时，对于实验课程的先修课程，一些先进的实验设备要在课堂上给高中生们使用，也会存在使用时间过长、使用条件难以满足等问题。这时就可以借助线上实验课程的方法，让高中生初步了解这些先进的实验器材和实验技术。②

第三节　研究意义

对实验课程进行研究，可以为实验课程的实施提供理论依据。实验课程的开展并不仅仅是实验操作这么简单，还需要理论的支撑，而理论需要通过研究不断地总结和完善。国内外相关学者和教师通过不断的研究和实践，已经形成了许多研究成果，包括实验器材的创新、实验过程的创新、实验理论的创新等。在此基础上对实验课程理论进行研究，可以进一步促进中学生物实验课程的改革，丰富和完善实验课程的课程、教学与评价体系。

对实验课程进行研究，可以为实验课程的实施奠定实践基础。丰富和完善的实验教学体系可以为教师提供参考和借鉴的平台，同时也能够帮助教师对实

---

① 王艳妮.高中化学实验AP课程开发与实践研究[D].温州：温州大学，2014.

② 刘永贵，孟夏.大学先修课慕课（MOOCAP）：我国大学与高中教育衔接的新方式[J].远程教育杂志，2016，35(3)：15-23.

验课程的实验方法、实验技术、教学方法等进行创新，以满足新课程标准对于学生科学探究能力的要求。理论与实践的融合，可以引导学生进行自主探究，培养学生的动手能力和团队协作意识，同时还能拓展学生的科学思维以及科学探究精神。

第二章　基于人教版《高中生物学　必修 1　分子与细胞》的重组实验课程

第一节　重组实验课程一：走近细胞

一、走进实验室

1. 教材分析与设计思路

实验教学是国家课程方案和课程标准规定的重要教学内容，是培养创新人才的重要途径。因此本节课并没有按照教材的编排顺序进行设计，而是以实验为主线展开课堂教学，我们做此改变的原因有三：原因之一是基于江苏省常州高级中学生源主要是各初中学校的优秀学生，相对而言学生的科学思维能力较强，科学探究的欲望也比较高，第一节课就让学生接触生物学实验，能更好地保护学生的好奇心，也为培养拔尖创新后备人才打下良好的基础。原因之二是江苏省常州高级中学是首批江苏省生物学课程基地，实验室的装备投资充足，我们有足够的实验设备（如数码显微镜）供学生使用。原因之三是实际教学内容的需要，本学期学习的人教版《高中生物学　必修 1　分子与细胞》的学习内容主要跟细胞有关，研究细胞、学习细胞知识的重要性不言而喻，但关于细胞的内容，大多是微观和抽象的，对于高中学生来说有一定难度，如何使学生产生学习本模块的兴趣，实验无疑是一个很好的抓手。因此结合第 1 章"走近细胞"具体内容，我们将高中生物学的第一课由"走近细胞"改为"走进实验室"，教学内容的重点设置为"学会熟练使用高倍显微镜"，通过显微观察实验，将细胞的微观世界展现在学生面前，对学生学习本模块内容有百利而无一害，也为顺利展开后续的实验教学打下基础。

为了更好地帮助学生学好生物学，作为高中生物学的第一节课，还必须要让学生理解学习生物学的重要性，因此本节在一定程度上具有绪论的功能。本节内容的设计思路是通过我国科学家施一公的成长历程及江苏省常州高级中学往届考入清华大学的学生事例，激发学生的学习热情，解决“1.生物学，学什么？2.学生物学，为什么？3.生物学，怎么学？”三个问题。在此基础上留足课堂时间，让学生练习使用显微镜观察不同类型细胞，使学生在第一节课上就能学会熟练使用高倍显微镜，为他们今后在课堂上或课后自主探究微观世界打下基础，也让高中生物学的第一课真正体现生物学的实验属性。

2. 教学目标

(1) 了解光学显微镜的结构，比较普通学生用显微镜和数码显微镜的异同点。

(2) 练习使用高倍显微镜，并归纳显微镜的操作要点。

3. 教学过程

(1) 列举实例解决问题，明确学习生物学的意义

问题1：生物学，学什么？对于这个问题，学生经过初中的学习已经有了一定的了解，所以可以让学生独立思考后进行回答，得出生物学是一门研究生物(包括植物、动物和微生物)的结构、功能、发生和发展规律的科学，是自然科学的一个组成部分，以此训练学生的思维能力和语言组织及表达的能力。最后教师可展示高中生物学五本教材的封面，让学生了解高中阶段通过生物学的五本教材大致会学习细胞、遗传、生命活动调节、环境及生物技术等方面的生物知识。

问题2：学生物学，为什么？通过视频展示我国科学家施一公的成长历程，让学生了解中学时代的施一公是如何学习的，他的中学班主任对他的评价等，让学生明确科学家的诞生并不是一蹴而就的，一样需要通过中学时代的不断努力；再根据教材上“科学家访谈”了解施一公的生物学研究领域及其取得的成果，如细胞凋亡领域的研究成果对人类健康的意义，并进一步拓展到生物学这门学科对环境保护等方面的重要性，认同生物学学习的重要意义。还通过江苏省常州高级中学往届考入清华大学的学生例子，激发学生向身边的榜样学习，鼓励学生勇敢承担起这个时代赋予年轻人振兴中华的使命。

问题3：生物学，怎么学？第一，展示施一公关于做科学研究最重要的品格和能力的观点：“我认为至少要具备以下两点素质。一是时间的付出。所有成功的科学家一定具有的共同点，就是他们付出大量的时间和心血，科学探索之路没有捷径。二是批判性的思维方式。探索未知的科学研究尤其需要严密的逻辑，需要在实验研究中深入思考，同时还要敢于挑战学术权威，因此必须有批判性的思维。除此之外，性格因素也很重要，比如强大的心理素质。实验失败很常见，但又往往蕴藏着成功的契机。对与预期结果不符的实验进行正

确分析，是一位优秀科学家必备的素质。”由此让学生体会到科学研究的艰辛，同时又要有迎难而上的正确的科学态度。第二，老师给出一些具体的学习建议，如“积极完成各种类型的实验、理解基础上的记忆、针对性的练习及课后的总结反思”，给学生指明学习的方向，尽可能让学生少走弯路。

(2) 利用显微镜的发明及发展史，了解光学显微镜的结构

展示资料：“第一台显微镜是由荷兰密得尔堡一个眼镜店的老板詹森和他的父亲罕斯发明的。细说起来，詹森父子发明显微镜，还带有一定的偶然性呢！事情的经过是这样的：1590 年，一个晴朗无风的早晨，詹森在楼顶上闲玩。无意中，他把两片凸玻璃片装到一个金属管子里，并用这个管子去看街道上的建筑物，奇怪的事情发生了，教堂高塔上大公鸡的雕塑比原来大了好几倍，这个意外的发现，使詹森兴奋起来，他高兴地跑下楼去，把父亲也拉上楼来观看，一起和他分享这种新发现带来的愉快。他们抓住这个偶然的发现，认真思索，反复实践，用大大小小的凸玻璃片做各种距离不等的配合，终于发明了世界上第一台显微镜。”根据资料提出问题：“显微镜的发明过程给你的启示有哪些?”，激发学生学会观察，勤于思考并善于总结。

教师展示现代多种类型的显微镜，引入光学显微镜结构的学习。因学生在初中已接触过普通学生用光学显微镜，已有一定的显微镜操作能力，但我们的学生来自不同的初中，学生的显微镜操作能力参差不齐，再加上我们使用的显微镜是数码显微镜，可以说绝大多数的学生并没有接触过。因此教师在此环节的教学设计时，可在复习初中用过的普通光学显微镜的基础上，让学生通过实物观察，对比其与数码显微镜的异同，了解数码显微镜的操作优势，如可以用标本推进器来移动固定在载物台上的装片，可以直接打开显微镜的内置电光源，省去对光的麻烦等。由此进一步说明技术的进步与科学发展之间的关系。

(3) 利用光学显微镜观察固定装片，归纳显微镜的操作要点

本部分是本节的重点，也是难点，因此主要通过“使用光学显微镜观察固定装片”的实验来突出重点，突破难点。具体实施的流程是“学生尝试操作→教师实时点拨→学生再次操作→师生归纳显微镜的操作要点”。在学生实验前教师可提出具体观察要求，如“选你最想看的装片、胆大心细、善于观察、勤于思考、乐于提问”，通过这些要求激发学生探究微观世界的兴趣和热情，也让学生明确实验不仅仅是动手操作，还要积极动脑，发现问题并解决问题，这才是实验最重要的意义。做完实验后，师生共同归纳总结出显微镜的操作要点：“低倍镜下观察清楚后，再直接转换高倍镜！换高倍镜应转动转换器，不能直接转动物镜！用高倍镜观察时，用细准焦螺旋！别污染镜头和载物台！”

4. 教学反思

本节课利用科学家施一公的故事及优秀学长的事例，培养学生“社会责任”这一核心素养，从课堂实际情况来看，我们收到了很好的效果。本节课利用大约20分钟的时间完成实验，可以发现学生使用显微镜的熟练程度差异极大，因此在教学时，教师作为课堂的主导者，应该及时组织操作熟练的学生去帮助其他学生，这样教者可以更熟练，达到“熟能生巧”的境界，被教者也可以在更短的时间内学会使用显微镜，并有足够的时间熟练操作，否则在这20分钟的时间内还是会有很多学生没有真正学会显微镜的使用。不管学生的显微镜操作熟练程度如何，我们看到在实验时，每一位学生都认真参与其中，也可以看到实验时他们脸上洋溢的笑容。通过实验教学培养了学生的科学探究精神，提升了学生的科学探究能力。

附实验：

实验：数码显微镜的使用

【基础知识】

1. 进入实验室前，应该做哪些准备？________________________________

2. 进入实验室后，应该注意哪些方面？______________________________

3. 下图为初中阶段学生使用过的显微镜（图 2.1），请标注出各部分的结构名称。

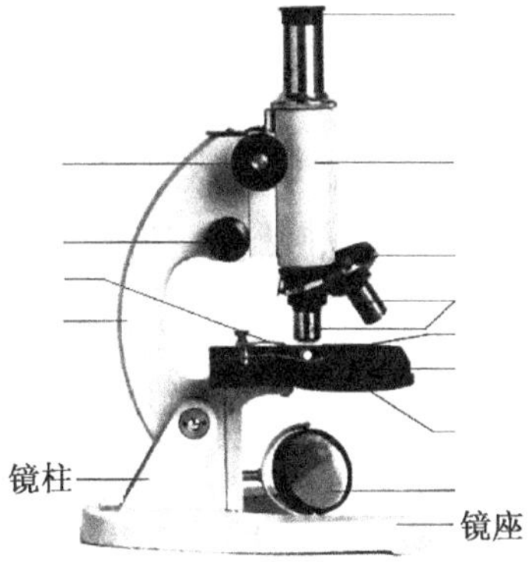

图 2.1　显微镜的结构

【实验原理与方法】

1. 普通的光学显微镜是根据凸透镜的成像原理，物体（标本）依次经过______________镜和__________镜成像，相对于物体（标本）来说，是放大的、__________（正立的/倒立的）虚像。

2. 物像的放大倍数是指物体的__________放大，计算方法是________________
____。

【实验操作】

“显微镜的使用”实验操作流程如表 2.1 所示。

表 2.1 “显微镜的使用”实验操作流程

步骤	实验操作	提示与问题	自我评价
1	打开防尘罩和电源，双击点开显微镜软件分析系统。	数码显微镜开关在镜座后方。	
2	转动转换器，使低倍镜正对通光孔，通过目镜观察，调节视野亮度。	如何判断低倍镜和高倍镜？________________________	
3	将装片放在载物台上，使标本正对通光孔中心，用压片夹夹住装片；转动粗准焦螺旋，下降镜筒至接近玻片标本为止（眼睛看着物镜，以免物镜碰到玻片标本）。左眼注视目镜，反向转动粗准焦螺旋，当看到物像后再转动细准焦螺旋，直到看清细胞物像。	当标本向左移时，物像向______移动，当标本向上移时，物像向________移动。如果在载玻片上写一个“上”字，那么在显微镜下观察到的是____________________。	
4	转动转换器，调换上高倍镜。	转换高倍镜时转动速度要慢，并从侧面进行观察（防止高倍镜头碰撞玻片），如高倍镜头碰到玻片，说明低倍镜的焦距没有调好，应重新操作。	
5	调节细准焦螺旋，直到看清所要观察的物像。	换上高倍镜后，视野亮度变____，范围变______。 如果没有看到物像，可能是什么原因？____________________	
结果	选一张你最满意的显微照片，上传或拷贝给老师。		

【选择性学习与研究】

1. 目前科研上，还有哪些显微镜？各有什么优势？你可以通过查阅资料，撰写“显微镜的发展史”。
2. 如果某台显微镜的物镜倍数刻度已模糊不清，如何通过研究确定其放大倍数值？

二、走近细胞

1. 教材分析与设计思路

本节课的内容相对较多，除了显微镜的使用(在第一课已经完成)，还包括细胞具有统一性、细胞学说的建立、细胞具有多样性、真核细胞和原核细胞的区别和联系，以及生命系统结构层次等内容，因此如何在第一节课的基础上将这些内容组织起来，是设计本节课的关键。

在基本不打乱人教版教材本节的编排基础上作适当变动。改动后的教学内容的编排逻辑还是从感性认识到理性比较，即从制作临时装片观察细胞开始认识细胞是多种多样的，但它们有着基本相同的结构，据此介绍细胞学说及其建立过程，其作用是既说明细胞学说的意义，又阐述“细胞是生命活动的基本单位”，以理论统领，让学生初步认识“细胞是一个基本的生命系统”；再比较原核细胞和真核细胞的区别与联系，并再次归结到“原核细胞和真核细胞的统一性”，进一步说明“细胞是生命活动的基本单位”，最后根据教材关于熊猫喜欢吃竹子(冷箭竹)的例子阐述生命系统的结构层次，并通过对病毒这种特殊生物的分析说明“生命活动离不开细胞”。

这样的教材内容改变既突出了生物学实验的重要性，又与学生的学习经验和生活经验都有密切的联系，例如学生初中已学过细胞，知道细胞的基本结构、植物细胞和动物细胞的区别与联系，知道细胞是构成生物体的基本单位，知道细胞、组织、器官与系统的关系，也了解熊猫喜欢吃竹子(冷箭竹)，对生物圈的基础知识也大致知道。因此，本节的一些重要概念是建立在学生已有知识的基础之上而进行的归纳与概括。这样做的优势是让学生在高中阶段刚开始学习生物学时有经验可循，有兴趣阅读和有进行讨论的基础，同时也让学生知道学习生物学与社会生活是密不可分的。

本节教学内容的设计不仅考虑知识结论的呈现，而且非常注重知识的获取过程，即遵从科学的认知规律，从可靠的证据中获得相应结论的认识逻辑。因此特别注意引导学生认知证据，寻找证据，并根据这些证据进行归纳，渗透科学方法，培养学生的科学思维。

2. 教学目标

(1) 使用高倍显微镜观察几种细胞，比较不同细胞的异同点。

(2) 从分析细胞学说的建立过程中，归纳出植物和动物在结构上具有一致性，形成生物界是统一的观念，认同细胞学说的建立是一个不断修正和发展的过程。

(3) 通过分析细胞学说建立的过程,说出科学发现的基本特点,举例说出归纳法在科学研究中的作用。

(4) 比较原核细胞和真核细胞,说出它们的区别与联系。

(5) 通过比较、归纳、抽象和概括,阐明细胞有统一的结构模式。

(6) 说出生命系统的结构层次,阐明细胞是基本的生命系统。

3. 教学过程

(1) 制作临时装片,观察多种多样的细胞,导入细胞学说的建立过程的学习

课堂开始时设置实验"制作临时装片观察细胞",观察洋葱表皮细胞和人的口腔上皮细胞,从学生亲自动手制作临时装片开始,让学生有亲身的感受体验,这样做的目的如下:一是亲自观察,从感性中构建细胞基本结构的认知,并从中认识到细胞尽管多种多样(多样性),但有着相似的基本结构(统一性);二是进一步熟练掌握显微镜的操作技能,训练学生"观察—归纳"的科学方法。

对于细胞学说的教学过程,可以先让学生阅读教材上的"细胞学说建立的过程",思考和讨论一下问题:"1.维萨里和比夏是怎么得出结论的? 2.同样是观察,为什么罗伯特·胡克等人得出的结论和维萨里等人的不一样呢? 3.为什么施莱登等人和罗伯特·胡克得出的结论不一样呢? 4.维尔肖的结论和施莱登的有何不同? 5.课本最后一句话说:这个断言,至今仍未被推翻,是什么意思?",然后建立思维导图进行总结概括,如图 2.2 所示。

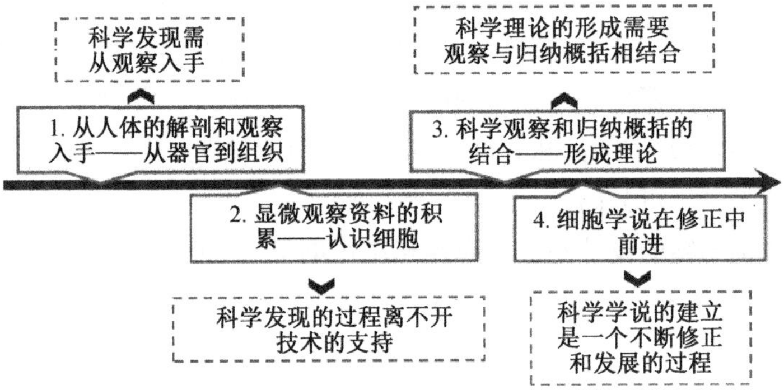

图 2.2　关于细胞学说的思维导图

通过细胞学说的建立过程,理解科学方法——归纳法,是由一系列的具体事实推出一般结论的科学方法,且分为完全归纳法和不完全归纳法,最后呈现科学归纳法得出的细胞学说的具体内容,为了更有利于学生对细胞学说要点的理解,

将这三个要点分别归类到细胞和个体在结构上的关系、细胞和个体在生命活动上的关系与细胞和个体在来源上的关系三个方面。在归纳法引领下的细胞学说内容的学习，阐明细胞学说作为十九世纪三大自然科学发现之一所具有的重要意义，也是发展学生科学思维的重要途径。

通过细胞学说建立过程的学习，让学生认知细胞的统一性，进而认识到生物界的统一性，培养了学生的生命观念。细胞学说的建立过程也是科学探究的过程。在分析细胞学说建立的过程中，有解剖观察和显微镜的观察，体现了形成概念的重要途径之一——科学探究。

（2）比较原核细胞和真核细胞的区别与联系，体会细胞具有的多样性和统一性

通过展示哺乳动物的血细胞、口腔上皮细胞、洋葱根尖细胞和洋葱内表皮细胞这些学生在初中已观察过的细胞结构图，在一定的知识储备的基础上，鼓励学生从中初步归纳和概括出这些细胞的共同结构特点，从而为进一步学习原核细胞的结构打基础。由于细菌难以通过学生使用的显微镜进行观察，因此可利用教材中的大肠杆菌的电镜照片和结构示意图，再通过文字和其他图片介绍生活中一些常见的原核生物，并仔细比较原核生物的典型代表——大肠杆菌和蓝细菌细胞的模式图，从中归纳和概括出原核细胞的主要特点，进一步认识到原核细胞和真核细胞的统一性，同时也说明细胞还具有多样性。最后通过表格，对真核细胞和原核细胞的结构进行归纳总结。真核细胞和原核细胞的区别是本节的难点，其中的细胞器如核糖体等，还有染色体这些结构，对于高一的学生来讲还比较陌生，所以表格的归纳是建立在学生观察真核细胞，并依据结构图充分讨论的基础上完成的，效果较好。从实践的角度认知细胞的多样性和统一性，进而认识到生物界的多样性和统一性，感受大自然的神奇与美丽。

在学习原核细胞蓝细菌时，介绍了太湖蓝藻大暴发产生的具体原因，激发学生爱护环境的情感。同时根据教材设置的“与社会的联系”栏目，介绍“发菜的过度采挖破坏了生态，我国已将发菜列为国家一级重点保护野生植物，予以保护”的事实，以此渗透了保护生态、保护环境的社会责任意识。

（3）结合实例归纳生命系统的结构层次，深入理解生命活动离不开细胞

通过前面的学习，学生已经能得出细胞是真核生物和原核生物生命活动的基本单位这一结论，此时可引入大熊猫和冷箭竹的例子，学习“生命系统结构层次”。一方面，大熊猫是我国珍贵的保护动物，激发了学生的自豪感，渗透保护动物的社会责任感；另一方面，通过上述研究微观世界的科学方法的学习，设置实验探究的问题：“你如何证明大熊猫和冷箭竹都是由细胞构成的?”要求学生设计实验，找到解决问题的办法，而不是凭空想象。在引导学生解决生物学问题时，

朝设计实验的方向去思考也是一种选择，培养学生的科学研究精神，通过实验找出“大熊猫和冷箭竹都是由细胞构成的”的证据，并评价自己的证据是否正确与充分，从而让学生认识到证据是得出结论的重要条件，认识到尊重事实和证据是科学思维的重要特征。然后以大熊猫和冷箭竹个体为起点，分别从宏观和微观两个方向分析生命系统的结构层次，认知生命系统的结构层次：细胞、组织、器官、系统、个体、种群、群落、生态系统、生物圈，从而让学生初步建立起生命的系统观。接下来可提出问题：“一个病毒、一个分子或一个原子是否为生命系统?”激发学生进行深入思考，病毒作为一种特殊的生物，虽然在进入细胞后也表现出生命的特征，但它没有细胞结构，它的生命活动仍然离不开细胞，所以细胞是最小的、最基本的生命系统。单细胞生物能够独立完成生命活动，多细胞生物依赖各种分化的细胞密切合作，共同完成一系列复杂的生命活动，最后用美国细胞生物学家威尔逊的一句话来结束本节课——“每一个生物科学问题的答案都必须在细胞中寻找。”

4. 教学反思

本节课教学内容丰富，有学生分组实验、有科学史、有多种细胞结构的比较，还有生命系统结构层次的分析，虽然进行分组实验是学生很喜欢的，学生甚至想用一节课的时间一直做实验，但不能因此就听之任之，需要教师合理分配课堂时间，并有足够强大的课堂驾驭能力，当然也需要学生的积极配合参与，这样才能让这一节课真正达成教学目标，发展学生的学科核心素养。另外，也需重视引导学生关注社会中存在的问题，以此批评一些人的不当行为，帮助学生树立正确的社会责任意识。

附实验：

实验：使用高倍显微镜观察几种细胞

【基础知识】

1. ＿＿＿＿＿不具有细胞结构。生物体结构和功能的基本单位是＿＿＿＿＿。

2. 原核细胞和真核细胞最主要的区别是＿＿＿＿＿＿＿＿＿＿＿＿＿＿＿＿。

【实验原理与方法】

1. 利用植物材料制作临时装片：将载玻片擦拭洁净，滴一滴＿＿＿＿＿＿＿＿（清水/生理盐水）于载玻片中央，将样品浸入载玻片上的液体中，盖上盖玻片，用吸水纸吸去多余液体。

2. 判断生物类型的方法

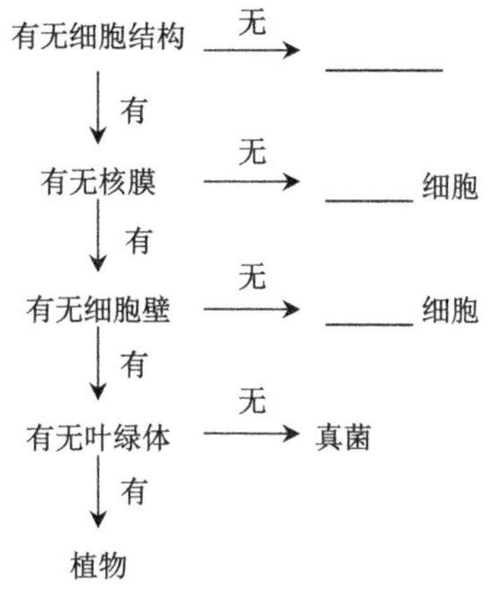

【实验操作】

“使用高倍显微镜观察几种细胞”实验操作流程如表 2.2 所示。

表 2.2 “使用高倍显微镜观察几种细胞”实验操作流程

步骤	实验操作	提示与问题	自我评价
1	制作临时装片。	如何避免产生气泡？______	
2	调试显微镜。	注意规范操作！	
3	将临时装片置于载物台上，观察。	先在______倍镜下观察。	
4	换其他材料，重复上述操作。		
5	整理：取下装片，关闭电源，罩上防尘罩。		
结果	描述你所观察的细胞，并比较异同。	植物细胞是什么形状，有哪些结构？______ 动物细胞、真菌、蓝细菌呢？	

【选择性学习与研究】

课堂上观察的材料多为小或薄的材料，如果想要观察植物的根、茎、叶等结构，常需要徒手切片来制作临时装片。如何进行徒手切片呢？

第二节　重组实验课程二：细胞的分子组成

一、细胞中的元素和化合物

1. 教材分析与设计思路

“细胞中的元素和化合物”一节是人教版《高中生物学　必修 1　分子与细胞》第 2 章第 1 节的内容，是在学生认识了细胞是基本的生命系统的基础上来学习的，而学生要深入认识细胞这一基本的生命系统可以从细胞的组成、结构、功能、发生和发展变化等方面来拓展学习。但是细胞的结构、功能、发生和发展变化等都是具有共同的物质基础的，即组成细胞的元素和化合物。所以对细胞这一基本生命系统的认识首先需要了解细胞这个系统的物质组成，也就有了本章内容的学习，本章内容是学习其他章节的基础，也是学习高中生物课程其他模块的基础。

本节旨在从生命物质性的视角，通过对比分析，培养学生阅读获取信息的能力，对比自然界与非生物界元素种类与含量的差异，运用大量图表资料培养学生分析数据、提出问题并解答的能力，理解各种元素及化合物对生物体的作用。这项活动还有助于学生归纳与概括、批判性思维等科学思维的能力的提升。

2. 教学目标

(1) 生命观念——认同生命的物质性、生物及非生物物质组成上的统一性和差异性。

(2) 科学思维——说出组成细胞的元素和化合物的主要种类，培养归纳与推理的能力。

3. 教学过程

教学实施程序如表 2.3 所示。

表 2.3　教学实施程序

教学环节	教师活动	学生活动	设计意图
导入新课	通过播放一名英国女子异食癖的视频导入新课。	观看视频。	视频中提到的微量元素激发学生的学习兴趣，锻炼学生分析图表、发现问题的能力。

（续表）

教学环节	教师活动	学生活动	设计意图
	组织学生以小组合作形式讨论。 【活动1】多媒体展示组成地壳和组成细胞部分元素含量(%)表，观察并比较两个表格，你能提出什么问题？就自己提出的问题与小组同学交流。 【活动2】比较组成玉米细胞和人体细胞的部分元素及含量，围绕教材提出的问题组织学生讨论交流。 组成细胞的元素有20多种，那么它们如何分类呢？进而引出大量元素和微量元素的概念。 生物界和非生物界及不同生物之间在元素种类上具有统一性，而在元素含量上具有差异性。	学生讨论并回答。 阅读教材，找出大量元素和微量元素都有哪些。	增强学生自主学习的能力和从材料中获取信息的能力。掌握细胞中的大量元素和微量元素。帮助学生认识微量元素对于生命活动的重要性，进一步认同生命的物质性。
细胞中的元素和化合物	过渡：细胞中有些元素含量很少，是不是意味着它们不重要？ 多媒体展示资料分析，教师进一步讲解相关元素在生物体生命活动中的作用。 【实验设计】利用一些必备的实验材料，设计实验探索某种矿质元素M是不是植物必需的元素。 引导学生分组讨论实验设计方案，预测实验结果，并及时给出评价。 经讨论后，学生的设计思路大体如下： 1. 取两个大烧杯A、B。 2. 向A内放入大量的全营养素配制的营养液，向B内放入等量的除M之外的营养素配制的营养液。 3. 在A、B中分别水培相同的植物。 4. 预测现象与结论： 若A中植株正常生长，B中植株正常生长，则说明M为非必需的元素；若B中植株生长不正常，且当向B中补充适量M后，B中植株又恢复生长，则说明M为必需的元素。	学生阅读多媒体相关资料，并提出微量元素（钼）是生物体不可缺少的必需元素；虽然它在生物体中含量很少，但其作用是其他元素不可替代的。小组讨论并按设计方案进行实验，预测实验结果。	通过实验设计的过程，培养学生的科学思维，掌握科学探究的基本思路和方法。

（续表）

教学环节	教师活动	学生活动	设计意图
	【问题1】在玉米细胞和人体细胞中含量较多的四种元素一样吗？怎么解释这种现象？进而引出组成细胞的化合物的学习。 【练习】初中学习的化合物的分类知识总结。组成细胞的化合物可以分为两类： 1. 无机化合物：水、无机盐。 2. 有机化合物：糖类、脂质、蛋白质、核酸。 【问题2】根据你的生活经验，说说哪些植物器官的细胞中富含糖类、脂质和蛋白质？ 这些化合物是细胞结构组成和功能实现所必需的，对于维持细胞正常生命活动必不可少，接下来的学习中将一一认识它们的结构和功能及检测方法。	回答问题。	为学习组成细胞的化合物做铺垫，掌握组成细胞的化合物的种类及分类。培养学生通过资料获取信息的能力。理解有机化合物和无机化合物的区别及其生理作用。
课堂小结	复习本节课内容，师生共同构建本节课内容的概念图。		

4. 教学反思

本节通过学生的生活经验和探究性实验设计激发学生强烈的求知欲，这样处理也符合新课标中提出的“更贴近社会实际和学生的生活经验”这一观点；同时更利于学生对新知识的学习，比如从学生生活中熟悉的化合物的学习进入化学元素的学习，而且对于化学元素的学习是借助学生已有的化学知识来进行的，这样充分体现了学生的学习过程是一个用已知的知识解决未知的问题的过程，是一个主动建构知识、发展能力、形成正确的情感态度与价值观的过程。

二、细胞中的无机物

1. 教材分析与设计思路

“细胞中的无机物”是人教版《高中生物学　必修1　分子与细胞》第2章第2节的内容。本节主要学习水和无机盐在细胞中的存在形式和作用，认同物质对生命的重要作用。第1节介绍了构成细胞的元素和化合物有哪些。但这些元素和化合物具有什么作用，并没有展开说明。因此，本节课是第1节的深化。要认识细胞这个基本的生命系统，首先需要分析生命系统的物质成分及其具备的特性。因此本节课中对水能够成为良好溶剂的解释，体现水分子的特性与水分子的结构有密切联系，渗透结构与功能观，使学生能认同生命系统是由物质构成的，也认同水和无机盐的重要作用。

通过引导学生进行一系列的资料分析、交流，并注重与生活的联系，一定程度上能激发学习积极性、促进学习能力的发展、掌握相应的知识。从结构与功能相适应的角度，解释细胞中水分子的功能和特性，从微观层面上，更深入地理解生命的本质，是本节课的设计思路之一。水和无机盐与学生的日常生活联系紧密，通过设计生活情景，以小组的形式进行合作学习，对其进行科学分析、归纳形成概念，更有利于学生发展科学思维，落实教学目标。在学习过程中渗透节水环保理念和健康生活意识，形成珍爱生命、人与自然和谐共处的观念，也是对学生社会责任感的培养。

2. 教学目标

(1) 生命观念——说出水和大多数无机盐在细胞中的存在形式及生理功能，认同结构决定功能的观点。

(2) 科学思维——理解多种化合物相互关系，用所学知识对生活中的现象进行解释，培养归纳与推理的能力。

3. 教学过程

教学实施程序如表 2.4 所示。

表 2.4 教学实施程序

教学环节	教师活动	学生活动	设计意图
导入新课	展示某种运动员饮料的化学成分表，讨论以下问题： 1. 运动员喝饮料可以给身体补充水。水在细胞中起什么作用？ 2. 表中哪些成分属于无机盐？为什么要在运动员喝的饮料中添加无机盐？无机盐在生命活动中起什么作用？ 本节内容通过研究组成细胞的分子以探寻生命的物质基础。	回答问题。	从饮料引入，让学生关注身边的生物学，引起学生兴趣。

（续表）

教学环节	教师活动	学生活动	设计意图
内容讲授	**一、细胞中的水** 【活动 1】从给出表格中的数据探究水的含量 1. 不同生物体的含水量是否相同？水生和陆生生物相比，哪种生物含水量高？ 2. 同一生物体不同的组织器官，含水量是否相同？ 过渡：同一生物体不同的组织器官，含水量不相同；代谢旺盛的组织或器官中含水量较多。 展示图片：心脏和血液 心脏和血液含水量相近，但是形态差异非常大，心脏呈固态，而血液呈液态，这是什么原因呢？我们从微观角度来看看水的分子组成。 【活动 2】认识水的结构 学生自主阅读教材，以小组为单位讨论以下内容： 1. 水分子中 H、O 原子的结合方式和带电情况如何？为什么说水是一种良好的溶剂？ 2. 水分子的氢键是如何形成的？为什么在常温下水是液体状态，具有流动性？ 3. 为什么说水对维持生命系统的稳定性十分重要？ 【活动 3】认识水的功能 展示资料，引导学生总结水的功能： 1. 水蜜桃香甜多汁，当你咬开水蜜桃时冒出的汁水主要是什么形式的水？有哪些物质溶解其中？这说明自由水有什么功能？ 2. 回忆初中学过的内容，植物光合作用需要水参与吗？这又说明自由水有什么功能？ 3. 血液中含自由水较多。你能根据血液的功能判断自由水的功能吗？血液是由血浆和血细胞组成的，离开血浆的血细胞很快会死亡。这又说明自由水可以为细胞提供什么样的环境？	归纳总结： 在活细胞中含量最多的化合物是水。 生物种类不同，含水量不同。 水是极性分子，因此水是良好的溶剂。水分子具有氢键，易于断裂和形成，使水具有流动性和较高的比热容。	通过生生互动、师生互动完成知识的学习。

（续表）

教学环节	教师活动	学生活动	设计意图
内容讲授	【活动 4】实验探究自由水与结合水的关系 以小组为单位，完成以下实验并思考：将晒干的种子放在试管中加热，观察试管壁上是否有水珠出现。 1. 如果有，该种子产生的主要是哪种形式的水？ 2. 此时的种子还能萌发吗？这说明了什么问题？ 3. 种子燃尽后产生的粉末是什么物质？ **二、细胞中的无机盐** 1. 存在形式和含量 阳离子：Na^{+}、K^{+}、Ca^{2+}、Mg^{2+}、Fe^{2+}、Fe^{3+}等。 阴离子：Cl^{-}、$SO_4{}^{2-}$、$PO_4{}^{3-}$、$HCO_3{}^{-}$等。 2. 探究：无机盐的作用 无机盐在细胞中的含量（鲜重）仅为1%～1.5%，但却有着重要的作用，请结合下列材料分析无机盐的有关知识。 【材料 1】足球运动员在激烈的比赛中有时会出现肌肉抽搐的现象，这是随着汗液丢失了大量钙离子引起的。 【材料 2】硼能促进花粉的萌发和花粉管的生长，缺少硼时常导致“花而不实”。 【材料 3】生理盐水是指与哺乳动物血液和淋巴液等渗的无机盐溶液，常用的是质量分数为0.9%的氯化钠溶液。人体的红细胞在生理盐水中会保持原有的形态，如果放到清水里，会吸水涨破。 【材料 4】人体代谢过程中产生的一些代谢物质会改变体液的酸碱度，人体血液中存在 $H_2CO_3/NaHCO_3$ 和 NaH_2PO_4/Na_2HPO_4 等物质，可以中和这些变化。 引导学生通过以上材料总结：无机盐对于维持人体内环境的相对稳定具有重要作用。	以小组为单位进行实验，观察现象，并能加以解释。	通过实验让学生对水的存在形式有直观的认识，能区分自由水和结合水以及转化关系，提升学生的感性认识和实验技能。

（续表）

<table>
<tr><th>教学环节</th><th>教师活动</th><th>学生活动</th><th>设计意图</th></tr>
<tr><td>构建概念图，内容小结</td><td>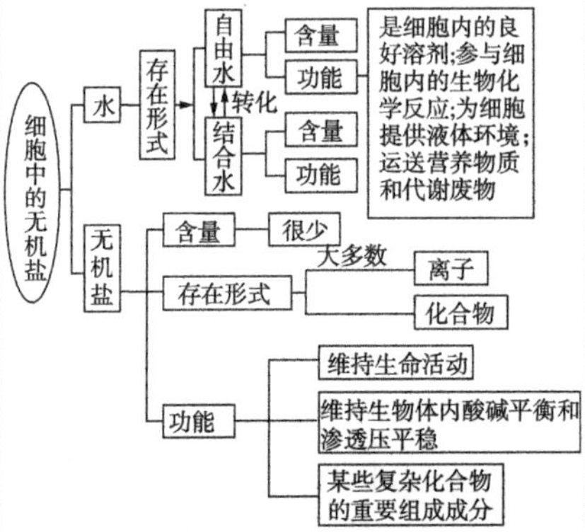
</td><td>绘制一张核酸的概念图。</td><td>通过绘制概念图，对本课概念进行小结，深入理解概念之间的内在关系。</td></tr>
</table>

4. 教学反思

这节课基本达到了课标的要求，课堂上能够启发学生思考，培养学生的思考能力、语言表达能力和归纳总结能力，尽可能将课堂交给学生，让学生能自主完成学习。通过图表分析和生活实例列举分析，让学生理解本节知识，理解知识来源于生活。

附实验：

实验：测量细胞中两种形式的水含量

【基础知识】

1. 水在细胞中以两种形式存在。一部分与细胞中的其他物质相结合，叫作________。含量大约占细胞内全部水的________。细胞中绝大多数的水以________的形式存在，叫作________。
2. 自由水/结合水的比值与细胞的功能密切相关，当细胞代谢旺盛时，则自由水/结合水的比值______________。

【实验原理与方法】

刚收获的菜豆种子在阳光下晒干，重量减轻，这个过程损失的水是________；把晒干的种子放在一洁净的试管中加热，试管壁上有水珠出现，这些水主要是________。

【实验操作】

实验操作流程如表 2.5 所示。

表 2.5 实验操作流程

步骤	实验操作	提示与问题	自我评价
1	取若干新鲜南瓜种子，称重并记录质量 m_1。		
2	将种子晒干，称重并记录质量 m_2。		
3	将晒干的种子置于试管中，用酒精灯烧烤，直到没有水蒸气出现，再次对种子称重并记录质量 m_3。		
结果	计算：　　自由水＝　　结合水＝		
整理	清洗试管，整理实验桌面，填写实验报告。		

【选择性学习与研究】

尝试测量水生、旱生等不同环境植物叶片中自由水和结合水的含量。

三、细胞中的糖类和脂质

1. 教材分析与设计思路

“细胞中的糖类和脂质”是人教版《高中生物学　必修 1　分子与细胞》中第 2 章第 3 节的内容。本节课主要讲述糖类的种类和作用，明确糖类是细胞的重要结构，又是生命活动的主要能源，了解脂质对生物体和细胞的重要作用，最后说明蛋白质、糖类、核酸这三类生物大分子都是以单体为单位的多聚体，都是以碳链为骨架，认知碳是生命的核心元素等内容。这与前面学习的细胞中的元素和化合物等内容密切联系，也是后面学习细胞的结构、功能、代谢、繁殖和遗传进化、血糖平衡的调节等内容的基础。

采用多媒体手段展示图片、资料等，化静为动，化抽象为具体，增强了教学内容的直观性、启发性，使学生从感性认识上升到理性认识。设计情境式问题，结合学生实例，激发学生对知识产生认知需求，主动参与探究，让学生自主探索、学习、体验。通过讨论—交流—归纳，培养学生探究、合作能力，充分调动学生学习的积极性和自主性。

2. 教学目标

(1) 生命观念——认同糖类是生命活动的主要能源物质，形成结构与功能相适应的观点。

(2) 科学思维——说明糖类和脂质种类和作用，生物大分子以碳链为骨架，培养归纳与推理的能力。

(3) 社会责任——关注糖类和脂肪的摄入量对健康的影响，形成健康合理的生活习惯。

3. 教学过程

教学实施程序如表 2.6 所示。

表 2.6　教学实施程序

<table>
<tr><th>教学环节</th><th>教师活动</th><th>学生活动</th><th>设计意图</th></tr>
<tr><td>情景创设
引入课题</td><td>【问题情境 1】通过 PPT 展示图片。
(1)胖人说“我怎么喝水都长胖”;瘦人说“我怎么吃都不胖”。你认为这些人说得有道理吗?怎样的饮食方式才健康呢?
(2) 在体外培养动物细胞时,绝大多数情况下,在培养基中需要添加葡萄糖,对于细胞来说,葡萄糖可能起什么作用?在没有给培养基添加脂肪时,一段时间后形成的细胞中出现了脂肪,这又是为什么?</td><td>联系实际回答问题,认识到糖类为细胞生命活动提供能量,葡萄糖能在细胞中转化成脂肪,思考健康的生活方式。</td><td>通过巧妙的对话让学生知道在食物中获取的物质与身体健康之间的辩证关系,激发学生学习兴趣,自然过渡到新课的学习。</td></tr>
<tr><td>一、细胞中的糖类

1. 糖类的种类

2. 糖类的分布

3. 糖类的主要功能</td><td>细胞中有多种有机物能为细胞生活提供能量,其中糖类是主要的能源物质。
【问题情境 2】通过 PPT 展示一些图片或者准备一些实物,组织活动如下:
(1) 这些物品中含糖吗?
(2) 你能说出生活中你接触到的糖类名称有哪些吗?
尝一尝:木糖醇和棉花。木糖醇甜吗,它是糖吗?棉花甜吗,它是糖吗?

【问题情境 3】指导学生阅读教材,组织小组讨论以下问题,并作出回答。
(1) 糖类有什么共同点(从元素组成上找找)?
(2) 按照是否能被水解和水解后产物的分子数的不同分类。分析糖类分子式,通常糖类分为几大类?统计归纳出它们的名称。
(3) 不同种类的糖在生物体中的分布情况,分别具有的主要功能是什么?
<table>
<tr><th colspan="2">种类</th><th>分布</th><th>功能</th></tr>
<tr><td rowspan="2">单糖</td><td>五碳糖</td><td></td><td></td></tr>
<tr><td>六碳糖</td><td></td><td></td></tr>
<tr><td rowspan="2">二糖</td><td></td><td></td><td></td></tr>
<tr><td></td><td></td><td></td></tr>
<tr><td rowspan="2">多糖</td><td></td><td></td><td></td></tr>
<tr><td></td><td></td><td></td></tr>
</table></td><td>回答问题,认识糖不一定是甜的,甜的不一定是糖。

认识糖类的元素组成。根据糖类的分子式,考虑糖类的分类。区分不同糖类的分布情况以及主要功能。学生通过思考,小组内合作讨论完善表格,全班学生互相分享结果。</td><td>通过表格引导学生阅读教材,形成系统的糖类的科学概念。培养学生自主归纳比较的能力,用辩证的思维看待糖类在生物体中的分布,理解各种糖类的主要功能。</td></tr>
</table>

（续表）

教学环节	教师活动	学生活动	设计意图
实验：还原糖的鉴定	介绍还原糖鉴定的方法和原理，给出几种生物材料：如梨汁、葡萄糖溶液、蔗糖溶液、可溶性淀粉溶液，让学生鉴定还原糖和非还原糖。	用实验结果作出判断，还原糖可用斐林试剂鉴定出来，归纳还原糖和非还原糖的种类。	培养学生的科学思维和实验技能，锻炼学生分析归纳的能力。
联系实际解决疑惑	设计疑惑，鼓励引导：根据《中国居民膳食指南（2016）》的建议，添加糖的摄入量，每天摄入不超过 50 g，最好控制在 25 g 以下。算算每天你最多喝多少饮料？给出某饮料成分表。	利用知识进行分析交流，解决实际问题。	学以致用，再次引起学习兴趣。
二、细胞中的脂质 1. 脂质的分类 2. 脂质的元素组成 3. 脂质的功能	从食物中获取了多余的糖类，这些糖类在生物体细胞中会转化成脂肪储存起来。 【问题情境 4】通过 PPT 展示食用油和动物肥肉在常温下的形态，再呈现两种脂肪的分子式。组织小组讨论。 (1) 为什么植物脂肪和动物脂肪呈现的状态不同？ (2) 除脂肪外，细胞中还有哪些脂质？ (3) 不同的脂质在元素组成上有什么差异，各自的功能又是怎么样的？ (4)根据脂质的知识，尝试构建概念图。	(1) 观察植物脂肪和动物脂肪的分子结构式，说出两者的不同。理解脂肪的结构与功能的关系。 (2) 分小组学习，归纳整理脂质的分类以及功能，绘制出概念图，形成知识体系。全班分享比较结果。	观察分子式，区别不同脂质，形成物质的结构与功能相适应的观念。培养学生的归纳能力，尝试以概念图形式构建知识体系。
三、生物大分子以碳链为骨架	(1) 展示蛋白质、糖类、核酸分子式图片，试分析这些生物大分子的核心元素。 (2) 认识这些有机物在生物体中的主要作用的区别。	认同生物大分子都是以碳链为骨架，各种有机物在结构上有差异，功能也有很大的不同。	联系前后知识，理解细胞基本的生命系统的物质组成，物质不同，功能上有差异。
实验：脂肪的鉴定	(1) 介绍脂肪鉴定的方法和原理，指导学生完成花生子叶临时装片的制作，并用显微镜观察脂肪颗粒染色后的图像。 (2) 比较用花生子叶临时装片制作和花生子叶匀浆液染色后显微观察的效果。	(1) 小组实验。 (2) 比较结果。	培养学生的科学思维和实验技能，锻炼学生分析归纳的能力。

（续表）

教学环节	教师活动	学生活动	设计意图
联系实际，设疑解惑	为什么南极、北极如此寒冷，企鹅和北极熊却能在那里生存？	企鹅和北极熊体内含有丰富的脂肪，脂肪是储能物质，还具有保温、缓冲和减压的作用。	运用知识解释实际问题，敬畏生命，形成一定的生命观念。
课堂总结	(1) 糖类和脂质的种类和作用。 (2) 生物大分子结构以碳链为骨架。	师生共同总结。	让学生及时掌握课堂知识，概括总结，利于学生回忆、检索、运用。

4. 教学反思

本节课通过师生互动、生生互动进行探究，以学生的实际经验为本，通过观察、比较、类比、讨论、分析和归纳，培养学生的探究能力和合作交流能力，通过教师的适时鼓励、点拨，培养学生的知识迁移、逻辑推理能力。在课堂上充分发挥学生的主体性，让学生在平等愉悦的氛围中实现对知识、能力和情感价值观的升华。

附实验：

实验 1：检测生物组织中的糖类

【基础知识】

基础知识概览如表 2.7 所示。

表 2.7 基础知识概览

知识点	归纳与结论
糖类	1. 糖类分子都是由________、__________、________三种元素组成的。 2. 主要功能：____。 3. 糖类大致可以分为____________，______________和____________。 4. 分类依据是：____。
单糖	1. 单糖指____。 2. 常见单糖可分为__________和__________，前者中常见的有____________ ____________和______________；后者中最常见的有________________， ________________，________________，分子式______________。

（续表）

知识点	归纳与结论
二糖	1. 二糖指________，化学式________。 2. 植物细胞中常见的二糖有________和________；人和动物乳汁中含有丰富的________。生活中最常见的白糖、红糖、冰糖等都是由________加工制成的。 3. 麦芽糖、蔗糖和乳糖分别是由________和________，________和________，________和________脱水缩合而成的。
多糖	1. 植物细胞中的多糖包括________和________，其中储能物质是指________；化学式________。 2. 人和动物细胞中的糖类中的储能物质是指________，可分为________和________。 3. 构成淀粉、纤维素和糖原的基本单位都是________。 4. ________是构成甲壳类和昆虫外骨骼的材料。
糖类分布	1. 植物特有的糖类：________。 2. 动物特有的糖类：________。 3. 动植物共有的糖类：________。
还原糖	1. 常见还原性糖：________、________、________。 2. 蔗糖________（能不能）用斐林试剂鉴定。

【实验原理与方法】

1. 某些化学试剂能使生物组织中的有关有机化合物，产生特定的________反应。
2. 可溶性________糖（如________、果糖、________）与________试剂发生作用，可生成 Cu_2O 沉淀。

【实验操作】

实验操作流程如表 2.8 所示。

表 2.8　实验操作流程

步骤	实验操作	提示与问题	自我评价
1	制备组织样液。（去皮、切块、研磨、过滤）	（1）下列生物材料：苹果、梨、西红柿、甘蔗、葡萄、西瓜、白萝卜等，你会选择哪种来完成本实验，为什么？________ （2）制备时需要加水吗？________	
2	取 1 支试管，向试管内注入 2 mL 组织样液。	是不是组织样液的用量越多，实验效果越好？________	
3	向试管内注入 1 mL 新制的斐林试剂，振荡。	（1）斐林试剂的甲液、乙液分别是由________和________组成的。 （2）使用前，将甲液和乙液________混匀成斐林试剂。 （3）能否将甲液、乙液分别加入苹果组织样液中进行检测？________	

（续表）

步骤	实验操作	提示与问题	自我评价
4	试管放在盛有 50～65 ℃温水的大烧杯中，加热约 2 分钟，观察溶液颜色的变化。	(1) 溶液颜色变化过程是：________→________→________。 (2) 水浴的温度是否只能严格控制在 50～65 ℃？________________	
5	整理：清洗试管，整理实验桌面。		
结果	试管内溶液颜色是______。	你的实验结论是：______________。	

【选择性学习与研究】

1. 尝试网上搜索“还原糖”，进一步了解有关还原糖分子结构的知识。
2. 尝试用不同的生物组织样液检测还原糖，并比较实验效果。
3. 探究缩短实验时间的最佳条件。

实验 2：检测生物组织中的脂肪

【基础知识】

1. ________是最常见的脂质，其组成元素包括________。
2. 细胞内良好的储能物质是________。
3. 脂肪的功能有________、________、________和________。

【实验原理与方法】

1. 脂肪可以被________染液染成________色。
2. 制作花生子叶临时装片，用________观察子叶细胞________情况。

【实验操作】

“检测生物组织中的脂肪”实验操作流程如表 2.9 所示。

表 2.9 “检测生物组织中的脂肪”实验操作流程

步骤	实验操作	提示与问题	自我评价
1	取材：花生种子浸泡、去种皮。	注意浸泡的时间。	
2	切片：在子叶横断面上平行切下一些子叶薄片，放入盛有清水的培养皿中待用。		
3	制片：选取最薄切片置于载玻片中央→滴加染液染色→吸去染液，滴加酒精溶液→吸去酒精，滴加蒸馏水→盖上盖玻片→制成临时装片。	(1) 为什么要选最薄的切片？________________ (2) 酒精的作用是____________。 (3) 染色和洗浮色时间不宜过长。	

（续表）

步骤	实验操作	提示与问题	自我评价
4	观察：用显微镜观察。	(1) 低倍镜下找到花生子叶薄片的________处仔细观察。 (2) 注意高倍镜的正确操作。 (3) 制成的装片第二天还能清晰观察到脂肪颗粒吗？________	
5	整理：清洗试管、载玻片，整理实验桌面。		
结果	显微镜下可看到细胞中有染成______色的圆形小颗粒。	你的实验结论是：______________________________。	

【选择性学习与研究】

1. 尝试网上搜索苏丹Ⅲ染液或苏丹Ⅳ染液与苏丹红之间的关系。

2. 尝试用不同生物组织完成实验，比较实验效果，找到最佳材料。

四、蛋白质是生命活动的主要承担者

1. 教材分析与设计思路

本节是人教版《高中生物学　必修1　分子与细胞》第2章第4节的内容，在本章前面内容中已提到细胞中含量最多的有机物是蛋白质。蛋白质是构成细胞和生物体的重要有机物，在细胞及生物体生命活动中起着重要作用，如物质跨膜运输中的载体蛋白、催化反应中的酶、免疫系统中的抗体等，它还与基因表达的内容密切相关，在记忆、细胞识别等方面起着重要的作用。本节知识为第5节学习核酸奠定了基础。所以，本节内容十分重要。

从“制作豆腐”的视频入手，使学生意识到蛋白质的重要性，从而激发学生深入学习的兴趣。通过“自主学习”“模型建构”“资料分析”等活动，引导学生获得蛋白质的功能、氨基酸结构、氨基酸形成蛋白质的过程、蛋白质结构和功能多样性等相关知识，整体设计围绕核心素养的培养。

2. 教学目标

(1) 生命观念——认同蛋白质是生命活动的主要承担者，形成结构与功能相适应的观点。

(2) 科学思维——通过推导氨基酸的结构、脱水缩合过程，分析蛋白质结构多样性的原因。

(3) 科学探究——针对蛋白质结构层次的构建过程，进行观察、提问、模型构建及交流讨论，掌握科学探究的基本思路和方法。

(4) 社会责任——明确蛋白质与人体健康的关系，应用蛋白质变性的相关知识消毒灭菌。

3. 教学过程

教学实施程序如表 2.10 所示。

表 2.10　教学实施程序

教学环节	教师活动	学生活动	设计意图
导入新课	1. 播放《中华小当家》麻婆豆腐制作的动画视频。 2. 提问：哪些食物富含蛋白质？ 3. 导入新课：蛋白质是生命活动的主要承担者。	1. 观看相关动画视频，联系生活实际，说说富含蛋白质的食物有哪些。 2. 明确蛋白质在人体生命活动中的重要性，认同蛋白质是生命活动的主要承担者。	激起兴趣，导入新课内容蛋白质。
自主学习——归纳蛋白质的功能	让学生自主阅读教材中图 2-8，找出关键词，归纳蛋白质的功能。	读图，找出关键词，归纳蛋白质的功能。	培养学生自主学习的能力和归纳与概括的科学思维能力。
模型建构——探究氨基酸的结构	1. 问：蛋白质的基本组成单位是什么？ 2. 问：组成蛋白质的氨基酸约有多少种？ 3. 引导学生理解“必需氨基酸”和“非必需氨基酸”的区别。 4. 引导学生观察课件展示的四种氨基酸，说出氨基酸的组成元素，归纳氨基酸结构特点，理解各种氨基酸的区别在于 R 基的不同，写出氨基酸的结构通式。 5. 模型建构：引导学生分别用人体的躯干、下肢、头部、两手表示氨基酸的中心碳原子、氢原子和 R 基、羧基和氨基，绘出该图。 6. 选取两个学生的模型进行展示。	1. 答：蛋白质的基本组成单位是氨基酸。 2. 答：组成蛋白质的氨基酸有 21 种。 3. 理解“必需氨基酸”和“非必需氨基酸”的区别。 4. 观察、思考，说出氨基酸的组成元素。归纳氨基酸结构特点，理解各种氨基酸的区别在于 R 基的不同，写出氨基酸的结构通式。 5. 建构氨基酸“人体模型”，并在纸上绘图。 6. 展示两个学生的模型。	通过建构氨基酸“人体模型”，对氨基酸的结构形成直观的认知，认同结构与功能相适应的生命观念。

（续表）

教学环节	教师活动	学生活动	设计意图
模型建构——探究氨基酸形成蛋白质的过程	1. 提问：组成蛋白质的氨基酸只有21种，但这些氨基酸却能形成多达 10^{10}～10^{12} 种之多的蛋白质，氨基酸是如何构成种类众多、结构复杂的蛋白质的呢？ 2. 引导学生阅读教材第30页倒数第二段文字和图2-10，理解氨基酸脱水缩合的过程。 3. 动画演示氨基酸脱水缩合过程，使学生整理思路，及时总结。 4. 模型建构：让学生利用不同颜色的塑料珠代表不同种类的氨基酸，用电线随意把它们串起来代表肽链，然后随意扭曲，建构出蛋白质的空间结构模型。 5. 选取两个小组的模型进行展示。 6. 动画演示肽链盘曲、折叠成蛋白质的过程，整理思路，及时总结。	1. 思考、阅读相关内容。 2. 观看动画，整理思路，及时总结。 3. 模型建构肽链盘曲、折叠成蛋白质的过程。 4. 两个小组展示模型。 5. 观看动画，整理思路，及时总结。	通过视频观看，增强对脱水缩合的感性认识，培养合作探究能力；通过模型建构增强对盘曲、折叠过程的直观认知，提升科学思维能力。
实验探究——蛋白质的鉴定	实验探究： 1. 鸡蛋是生吃还是熟吃更容易消化吸收？ 2. 高温变性过程中，肽键是否断裂？ 3. 怎么用实验检测说明肽键是否断裂？ 4. 总结蛋白质鉴定的方法。	1. 了解用双缩脲试剂鉴定蛋白质的方法和原理。 2. 小组分组实验，探究生蛋清和熟蛋白研磨液遇到双缩脲试剂的颜色反应。	用实验探究的方法解决生活中的问题，培养学生的实验操作技能。
交流讨论——探究蛋白质结构多样性的原因	1. 展示图片，问题：各组图片中珠链不同的原因是什么？ 2. 小组活动：交流讨论，归纳概括蛋白质结构多样性的原因。	小组活动：交流讨论，概括蛋白质结构多样性的原因。	培养学生的观察、思考、推理、归纳与概括的能力，理解蛋白质结构多样性的原因。

（续表）

教学环节	教师活动	学生活动	设计意图
资料分析——探究结构多样性和功能多样性关系	【展示资料1】人正常血红蛋白的空间结构呈球状，由它参与组成的红细胞呈圆盘状，如果血红蛋白某一处的谷氨酸被缬氨酸取代，就可能聚合成纤维状，由它参与组成的红细胞就呈镰刀状，运输氧的能力就会大大削弱。 思考：正常血红蛋白和异常血红蛋白功能不同的原因是什么？ 【展示资料2】经过加热、加酸、加酒精等引起细菌和病毒的蛋白质变性（空间结构改变），可以达到消毒、灭菌的目的。 1. 思考：经过加热等细菌、病毒的蛋白质不能行使其功能的原因是什么？ 2. 提问：蛋白质结构多样性和功能多样性之间有什么关系？	小组活动：交流讨论，归纳与概括蛋白质结构多样性和功能多样性的关系。	通过对信息的提取与分析过程，培养学生的思考、推理、归纳能力，认同蛋白质的结构与功能相适应的生命观念，认同蛋白质是生命活动的主要承担者。
总结归纳	引导学生完善本节知识网络。	师生一起完善本节知识网络。	培养学生归纳、总结能力。

4. 教学反思

这节课的总体效果不错，内容较为充实。但是也存在不足，比如在批改习题的过程中发现学生在书写氨基、羧基的结构式时还存在很多问题。在进行有关氨基酸的脱水缩合题目的计算时也存在很多问题。可见学生在课堂上表现不错，听得懂，却不一定会写、会做。所以我们在今后的教学中，要多留点时间给学生，让他们到黑板上或者自己在下面多写多练，才能暴露出更多的问题，从而更好地克服一个个教学难点。

附实验：

实验：检测生物组织中的蛋白质

【基础知识】

1. 组成元素：__________，基本组成单位__________，约__________种。
2. 写出氨基酸的结构通式______________，氨基表示为__________，—COOH叫作____基，两个氨基酸发生__________反应形成二肽。

【实验原理与方法】

蛋白质与双缩脲试剂发生作用，产生______反应。（蛋白质分子中含有很多_________，在碱性溶液中能与______试剂中的 Cu^{2+} 作用，产生______反应。）

【实验操作】

“检测生物组织中的蛋白质”实验操作流程如表 2.11 所示。

表 2.11 “检测生物组织中的蛋白质”实验操作流程

步骤	实验操作	提示与问题	自我评价
1	制备组织样液。	(1) 若用黄豆制成豆浆，则需要将黄豆浸泡、去皮研磨、过滤。 (2) 若用鸡蛋清，则需要进行充分稀释。	
2	加 2 mL 组织样液于试管中。	(1) 需要设置对照吗？__________ (2) 如何设置？______________	
3	加入双缩脲试剂 A 液，摇匀；再加入双缩脲试剂 B 液，摇匀。	(1) 双缩脲试剂 A 液和 B 液分别是__________和__________。 (2) 两者的用量相等吗？________ (3) 两者能否混合后再加入组织样液中？________________ (4) 能否用斐林试剂代替？________	
4	整理：清洗试管，整理实验桌面。		
结果	溶液颜色由________色变成________色。	你的实验结论是：____。	

【选择性学习与研究】

1. 尝试网上搜索“双缩脲”，进一步了解有关蛋白质鉴定的原理。
2. 尝试用实验来证明氨基酸或者二肽等化合物与双缩脲试剂是否也能产生相同的颜色反应。
3. 尝试测定不同奶粉中蛋白质的含量。

五、核酸是遗传信息的携带者

1. 教材分析与设计思路

“核酸是遗传信息的携带者”是人教版《高中生物学 必修 1 分子与细胞》第 2 章第 5 节的内容。核酸是细胞中最重要的生物大分子之一，概述核酸的结构和功能是学生学习《高中生物学 必修2 遗传与进化》的基础，也是建构生物学大概念的次位概念之一，所以核酸分子的结构和功能是本节的难点。

采用DNA指纹检测的例子创设问题情境导入新课，并用问题串激发学生兴趣，尝试从选材、设计实验获取DNA体会科学探究的过程，并以图片、分子结构式等直观图片展示，驱动学生思考、鉴别异同，发展观察、分析、推理的科学思维。此外，通过小组合作建构DNA分子模型，促进学生交流活动，在合作探究中提升核心素养。最后，引导设计知识概念图，建构知识网络。

2. 教学目标

(1) 生命观念——简述核酸由核苷酸聚合而成，核酸是储存与传递遗传信息的生物大分子，帮助学生形成结构与功能相适应的观点。

(2) 科学思维——简述DNA和RNA的区别和联系，生物大分子以碳链为骨架，培养学生归纳与推理的能力。

(3) 社会责任——关注DNA指纹技术对生活的影响，帮助学生形成正确的价值观与人生观。

3. 教学过程

教学实施程序如表2.12所示。

表2.12 教学实施程序

教学环节	教师活动	学生活动	设计意图
导入新课	【展示资料】 1984年9月11日，杰夫里斯和同事发现基因中存在一些足以区分生物个体的微小结构，并于当天绘制出了世界上第一幅“DNA指纹”。课件展示受害者DNA、罪犯DNA及嫌疑人DNA比对图片。 提问：你还能说出DNA鉴定技术在其他方面的应用吗？那么DNA是什么？为什么能用于确定一个人的身份？这将是本节课学习的内容。	判断“DNA指纹”检测结果，分享学生之前的学习经验。	使学生了解“DNA指纹”检测技术在案件侦破工作中的重要用途。
实验设计	1. 实验材料：从以下材料中选出获取DNA的细胞，并说明理由。如哺乳动物成熟的红细胞、口腔上皮细胞、艾滋病病毒等。 2. 实验设计：用什么方法获得DNA？展示瑞士科学家米歇尔从人的脓血中的细胞内发现并命名核素的过程。	小组合作，进行实验设计，交流结果。	通过设计实验，培养学生的科学思维。

(续表)

教学环节	教师活动	学生活动	设计意图
合作共享，展示交流	一、核酸的种类及其分布 阅读教材完成以下问题： 1. 核酸是什么物质？核酸就是 DNA 吗？ 2. 核酸只分布在细胞核中吗？ 3. 原核生物没有成型的细胞核，DNA 又存在于哪里呢？ 课件展示 DNA 与 RNA 在不同的动物细胞、植物细胞和原核生物中的分布图片，小组讨论 DNA 和 RNA 在细胞中的分布情况。 二、核酸是由核苷酸连接而成的长链 展示核苷酸的分子结构图并标明五碳糖中 5 个碳原子的对应位置。 问题：1. 核苷酸由哪些元素组成？由哪些小分子组成？ 展示连接方式，并提示读核苷酸的方法。 2. 磷酸、含氮碱基分别与五碳糖中的几号位碳原子相连？ 3. 核苷酸共有几种？组成核苷酸的含氮碱基共有几种？展示图片引导学生分析二者异同。	讨论得出种类、分布，原核细胞内也有 DNA 和 RNA。	
模型图绘制	1. 引导学生绘制脱氧核糖核苷酸和核糖核苷酸模型图，构建 4 种脱氧核苷酸和 4 种核糖核苷酸。 2. 引导学生尝试对核苷酸进行命名，并讨论比较 DNA 和 RNA 在化学组成上的共同点和区别。 3. 问题：脱氧核苷酸是如何连接成生物大分子 DNA 的？核糖核苷酸是如何连接成生物大分子 RNA 的？ 4. 以脱氧核苷酸为例，引导学生小组合作讨论分析可能的连接方式（如磷酸与磷酸相连、含氮碱基与含氮碱基相连、含氮碱基与磷酸相连等），并提出正确的连接方式，构建模型。 5. 展示脱氧核苷酸形成长链的过程及 DNA 的双螺旋结构，核糖核苷酸连成核苷酸长链的过程及 RNA 的单链结构，引导学生填写表格：	1. 讨论得出：DNA 特有脱氧核糖和胸腺嘧啶；RNA 特有核糖和尿嘧啶；核苷酸共有 8 种，碱基共有 5 种。 2. 将绘制的 4 种脱氧核苷酸和 4 种核糖核苷酸分别连成核苷酸长链，指出二者的结构特点。	对于 5 种碱基的名称，从读法、写法、种类等多角度点拨，便于学生更深入地理解两者区别。

（续表）

<table>
<tr><th>教学环节</th><th>教师活动</th><th>学生活动</th><th>设计意图</th></tr>
<tr><td></td><td>
<table>
<tr><td colspan="2">内容</td><td>DNA</td><td>RNA</td></tr>
<tr><td colspan="2">中文名称</td><td>脱氧核苷酸
（4 种）</td><td>核糖核苷酸
（4 种）</td></tr>
<tr><td colspan="2">分子结构图</td><td></td><td></td></tr>
<tr><td rowspan="4">组成</td><td>无机酸</td><td>磷酸</td><td></td></tr>
<tr><td>五碳糖</td><td></td><td></td></tr>
<tr><td rowspan="2">含氮碱基</td><td colspan="2"></td></tr>
<tr><td></td><td></td></tr>
<tr><td colspan="2">分布</td><td></td><td></td></tr>
</table>
</td><td></td><td></td></tr>
<tr><td>回归课题，总结提升</td><td>1. 分析核酸分子多样性的原因是核苷酸数目不同和排列顺序多样，真正理解什么是遗传信息，并尝试解释为什么通过 DNA 指纹技术能锁定犯罪嫌疑人。
2. 问题：生物的遗传物质都是 DNA 吗？归纳出一切生物的遗传物质是核酸，核酸是遗传信息的携带者。</td><td>小组合作讨论各小组绘制的核苷酸链不同的原因。</td><td>用所学知识解释生活中的问题。</td></tr>
<tr><td>构建概念图，表达交流</td><td>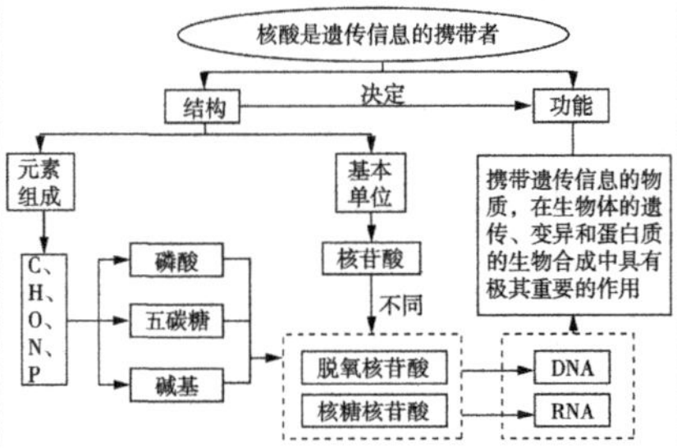
</td><td>绘制一张核酸的概念图。</td><td>通过绘制概念图，对本课概念进行小结，深入理解概念之间的内在关系。</td></tr>
</table>

4. 教学反思

本节课以生物学科核心素养的培养为目标，制定对培养学生生命观念、科学思维、科学探究和社会责任方面的活动设计，结合具体的生活实例以及学科前沿的相关科学资料展开分析讨论，让课程生活化、趣味化；促进学生内化知识的同时，协助学生建立系统的知识框架，前后联系，发展科学思维；布置模型建构任务，小组讨论合作，调动学生积极性，培养合作互助的社会责任感。

附实验：

实验：观察 DNA 和 RNA 在细胞中的分布

【基础知识】

1. 核酸是细胞内__________的物质，在生物体的________________具有极其重要的作用。
2. 真核细胞的 DNA 主要分布在________内，少量分布在____________内；RNA 大部分存在于________中。原核细胞的 DNA 主要位于____________。
3. ____________是核酸的基本组成单位，它由一分子的__________，一分子的____________，一分子的__________组成。根据________的不同，可以分成核糖核苷酸和脱氧核糖核苷酸。

【实验原理与方法】

1. 甲基绿和吡罗红两种染色剂对 DNA 和 RNA 的亲和力不同，甲基绿对________亲和力强，使其显现出________色，而吡罗红对________的亲和力强，使其呈现出________色。用甲基绿、吡罗红的混合染色剂将细胞染色，可同时显示 DNA 和 RNA 在细胞中的分布。
2. (1) 盐酸能改变________的通透性，________染色剂的跨膜运输。
   (2) 盐酸使染色体中的____________分离，便于____________的结合。

【实验操作】

"观察 DNA 和 RNA 在细胞中的分布"实验操作流程如表 2.13 所示。

表 2.13 "观察 DNA 和 RNA 在细胞中的分布"实验操作流程

步骤	实验操作	提示与问题	自我评价
1	取口腔上皮细胞制片	(1) 取口腔上皮细胞之前，为避免装片中出现太多的杂质，应先________。 (2) 生理盐水的作用是________。 (3) 用酒精灯烘烤载玻片时，应该______________，防止载玻片破裂；烘烤后的载玻片最好先________1 分钟，再放入盛有稀盐酸的烧杯中。 (4) 烘干的目的是______________。	
2	水解		
3	冲洗，涂片	冲洗载玻片时水的流速要尽量________，切忌________用水龙头冲洗。冲洗的目的是____________________。	
4	染色		

（续表）

步骤	实验操作	提示与问题	自我评价
5	观察	应先用低倍镜再用高倍镜观察。	
6	结果：选一张你最满意的显微照片，上传或拷贝给老师。		
7	整理：清洗载玻片，整理实验桌面，填写实验报告。		

【选择性学习与研究】

1. 珍奥核酸是一种保健品，是否每个人都适合服用核酸？服用过多的核酸会出现什么并发症？
2. 实验中使用的吡罗红甲基绿混合染色剂是碱性染料，那么染料本身呈碱性吗？进一步了解碱性染料的原理。

第三节　重组实验课程三：细胞的基本结构

一、细胞膜的结构与功能

1. 教材分析与设计思路

“细胞膜的结构与功能”是人教版《高中生物学　必修 1　分子与细胞》第 3 章第 1 节的内容，这一章的标题是“细胞的基本结构”，主要阐述两个问题：细胞的基本结构是怎样的？细胞的各种结构又是怎样协调和配合，共同完成生命活动的？第 1 节“细胞膜的结构与功能”以“台盼蓝鉴定细胞死活的实验”为导入，帮助学生理解细胞膜的存在，为后续介绍细胞膜的三大功能做铺垫。在“细胞膜的成分和结构”这部分内容中，教材安排了大量科学史的内容，通过一系列环环紧扣的材料，引导学生重走科学家探索细胞膜成分和结构的道路，体验科学研究的重要思路和方法，体会科学探索的精神。

2. 教学目标

(1) 根据“细胞膜的功能”工作单所展示的实例，归纳细胞膜的功能；

(2) 通过制作胞间连丝临时装片，明确植物胞间连丝的存在；

(3) 通过模型建构活动，制作出一个流动镶嵌模型来解释细胞膜的流动性和选择透过性；

(4) 在合作学习的过程中，体会科学家探索问题的过程，体验合作学习的快乐，发展积极思考的习惯和勇于批判质疑的科学精神。

3. 教学过程

教学实施程序如表 2.14 所示。

表 2.14　教学实施程序

教学环节	教师活动	学生活动	设计意图
一、细胞膜的功能	【实例分析】 实例 1：鉴别动物细胞是否死亡常用台盼蓝染液。死细胞会被染成蓝色，活细胞不会被染色。 实例 2：甲状腺滤泡上皮细胞的细胞膜上有特殊的结构，可以从血液中摄取碘离子，用于甲状腺激素的合成。 实例 3：氰化氢是一种剧毒物质，该物质进入人体后，能到达组织细胞内部，抑制相关酶的活动，阻止细胞对氧气的利用，造成窒息。 实例 4：精子和卵细胞的细胞膜接触时，可以传递信息，促使两细胞融合。 【提出问题】 这些实例说明细胞膜具备什么功能？	【分析回答】 学生对三则实例进行分析，回答：细胞膜能够将细胞与外界环境分隔开，控制物质进出细胞，进行细胞间的信息交流。	在细胞层次，给学生展示微观的生命现象，引起学生注意，通过问题引导学生对现象进行分析，激发学生的好奇心和求知欲。
	【观察实验】 观察植物细胞的胞间连丝结构 选择金边黄杨、甜椒等实验材料，在载玻片中央滴一滴清水，用刀片在叶片和果皮的表面划一个小口，用镊子撕下一小块，放置在清水中，盖上盖玻片，制成临时装片，在显微镜下观察并拍照记录。	【学生活动】 依据实验步骤，进行分组实验，在显微镜下找到胞间连丝的结构。	通过学生实验，清楚地展现植物细胞胞间连丝的结构，帮助学生理解植物细胞可以通过胞间连丝进行信息交流。
二、细胞膜的成分	【资料 1】1895 年，欧文顿用 500 多种化学物质对植物细胞的通透性进行了上万次的实验，发现： 易溶于脂质的物质易通过细胞膜，不易溶于脂质的物质不易通过细胞膜。 【提出问题】 1. 你能推测出什么？ 2. 你的依据是什么？	【学生回答】 根据相似相溶的原理，推测细胞膜由脂质组成。	通过资料分析，引导学生进行细胞膜成分的探索，用环环相扣的问题，发展学生的逻辑思维。
	【资料 2】1935 年，科学家研究细胞膜的张力时发现：细胞膜的表面张力明显低于油-水界面的张力。而油脂滴的表面如果吸附有蛋白质成分，表面张力会降低。 【提出问题】 1. 你能推测出什么？ 2. 你的依据是什么？	【学生回答】 根据资料中所示的现象，推测细胞膜附有蛋白质。	

（续表）

<table>
<tr><th>教学环节</th><th>教师活动</th><th>学生活动</th><th>设计意图</th></tr>
<tr>
<td>三、细胞膜的结构</td>
<td>【总结分析】
“细胞膜由脂质组成”“细胞膜附有蛋白质”属于猜想还是结论？
【问题串索引】
1. 探究细胞膜的成分，选材是关键，我们接触过的材料如黑藻、人的口腔上皮细胞、大肠杆菌、哺乳动物成熟的红细胞……哪种是合适的实验材料？
2. 如何提取哺乳动物成熟的红细胞？
【资料 3】展示不同细胞膜成分的含量，引导学生归纳细胞膜的成分。
各种细胞的细胞膜成分相对含量
单位：%
<table>
<tr><th rowspan="2">膜种类</th><th colspan="3">成分</th></tr>
<tr><th>脂质</th><th>蛋白质</th><th>糖类</th></tr>
<tr><td>哺乳动物红细胞膜</td><td>43</td><td>49</td><td>8</td></tr>
<tr><td>小鼠细胞膜</td><td>52</td><td>44</td><td>4</td></tr>
<tr><td>玉米叶肉细胞膜</td><td>36</td><td>44</td><td>20</td></tr>
<tr><td>盐杆菌细胞膜</td><td>25</td><td>75</td><td>0</td></tr>
</table>
（一）磷脂分子是怎样排布的？
介绍脂质分子的结构，提出问题：如果提取出细胞膜上的磷脂分子，让其在空气-水界面上铺展成一层，磷脂分子如何排布（方式①或是②）？
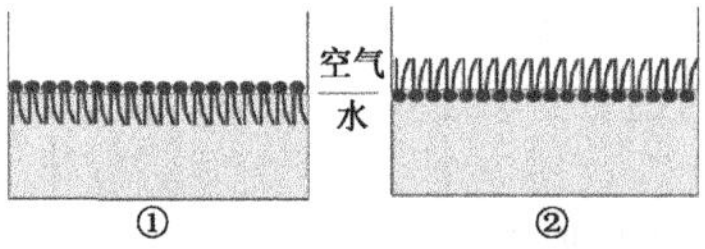

【资料 4】1925 年，两位科学家用丙酮从人的红细胞中提取出脂质，在空气-水界面上铺展成单分子层，发现：单分子层的面积恰为红细胞表面积的 2 倍。你能推测出什么？
【活动 1】想一想，两层磷脂分子的位置关系怎样？运用教具（磷脂分子），在白板上搭建一个磷脂双分子层模型。
（二）蛋白质分子是怎样排布的？</td>
<td>以上属于猜想，需要做实验验证。
【学生回答】
哺乳动物成熟的红细胞是合适的实验材料，该细胞没有细胞核和众多细胞器。可以将红细胞放入清水中，使其吸水涨破，再进行分离。
【学生回答】
细胞膜主要由脂质和蛋白质组成，还有少量的糖类。
【学生回答】
根据磷脂分子的结构特点，推测磷脂分子铺展成一层，应该呈②的方式进行排布。
【学生回答】
根据资料 4 可以推测，细胞膜中的磷脂分子为两层。</td>
<td>通过阅读表格总结细胞膜的成分，发展学生提取信息的能力。
运用获取的磷脂分子结构的相关知识，解决磷脂分子排布问题，实现从理解知识到应用的提升。</td>
</tr>
</table>

(续表)

教学环节	教师活动	学生活动	设计意图
	【资料 5】1959 年,罗伯特森在电镜下看到了细胞膜清晰的暗—亮—暗结构。并提出假说:细胞是蛋白质—脂质—蛋白质三层结构;细胞膜是静态统一的结构。 【质疑】罗伯特森的推论是否正确?根据已有知识进行质疑。 【资料 6】展示人鼠细胞融合实验。 【资料 7】介绍冷冻蚀刻技术:它是电镜样品的一种制备技术,优点在于可以清楚地显示出组织细胞结构的样貌。展示细胞膜的冷冻蚀刻示意图。 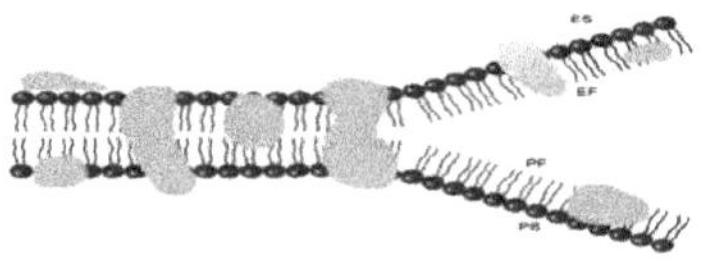 【活动 2】 观察并描述蛋白质在磷脂双分子层上的位置关系,打开信封 2(不同类型的蛋白质),完善模型。 (三) 糖类分子是怎样分布的? 【资料 8】将两种不同的海绵动物分散成单个细胞,进行培养,发现只有同种海绵的细胞才能相互识别并结合。通过对细胞膜成分的分析,发现两种海绵细胞表面的糖蛋白有差异,其差异主要表现为糖类的不同。据此可以推测出什么? 【活动 3】糖类可以和蛋白质、脂质相连,分别称糖蛋白、糖脂。打开信封 3(糖类分子),进一步完善模型。 【方法总结】 1. 提出假说:需要以已有的知识和信息为依据,通过进一步的观察与实验进行修正和补充。接受还是否定假说,取决于能否与以后不断得到的观察和实验结果相吻合。	【学生活动】 搭建流动镶嵌模型的基本骨架。 【学生回答】 学生通过资料分析得出:细胞膜不是静态的,而是流动的。 【学生活动】 在已有的流动镶嵌模型的基本骨架上,插入代表蛋白质的卡片,完善模型。 【学生回答】 糖类有识别的作用,分布在细胞外表面。 【学生活动】 在已有模型的基础上,进一步完善模型。	通过对先进技术的介绍,帮助学生明确蛋白质在细胞膜上的分布情况,使其认识到科学与技术之间的关系。 通过总结,让学生明确提出假说是探究实验的重要环节,深入理解提出假说的作用,意识

（续表）

教学环节	教师活动	学生活动	设计意图
四、学以致用	2. 构建模型：流动镶嵌模型属于物理模型，构建细胞膜的物理模型可以很好地描述和解释微观事物。 1. 磷脂分子构成的脂质体，可以作为药物的运载体，将其运送到特定的细胞发挥作用。 2. 思考：为什么不同的药物包裹的位置不同？ 怎样能够让脂质体识别特定的细胞？	【课后思考】 不同药物的特性不同，要根据结构特定进行放置，如果让脂质体识别特定的细胞，可以在细胞膜上插入特定的识别蛋白。	到模型建构不仅仅是一种手工活动，更重要的是建模思维过程。

4. 教学反思

本案例以“构建细胞膜的流动镶嵌模型”为中心，通过细胞层次的具体实例开启教学，以材料分析、构建模型、完善模型的模型建构教学流程为线索，引导学生展开物理模型建构，在“细胞膜的功能”这部分中，特意设置了“观察植物细胞的胞间连丝结构”实验，通过对直观现象的观察明确植物细胞与细胞间进行信息交流的方式，获取直接经验，实现对细胞膜的全面理解。

附实验：

实验：观察植物细胞的胞间连丝结构

【基础知识】

高等植物细胞之间通过____________相互连接，有__________的功能。

【实验原理与方法】

胞间连丝是植物细胞特有的结构，以表皮细胞为材料进行显微观察，效果明显。

【实验操作】

“观察植物细胞的胞间连丝结构”实验操作流程如表 2.15 所示。

表 2.15 “观察植物细胞的胞间连丝结构”实验操作流程

步骤	实验操作	提示与问题	自我评价
1	在载玻片中央滴一滴清水。	滴加清水的目的是什么？ ____________________	
2	用镊子撕去叶片的表皮或果实的果皮，置于清水中。	撕去表皮或果皮时，注意尽量不要携带叶肉或果肉。	
3	盖上盖玻片，制成临时装片，在显微镜下观察。	选择__________材料，可观察到较明显的胞间连丝。	

（续表）

步骤	实验操作	提示与问题	自我评价
结果	选一张你最满意的显微照片，上传或拷贝给老师。		

【选择性学习与研究】

1. 尝试网上搜索“细胞膜”，进一步了解有关细胞膜的成分与提纯分析方法。
2. 尝试寻找制备细胞膜的最佳实验材料。

二、细胞器之间的分工合作

1. 教材分析与设计思路

“细胞器之间的分工合作”是人教版《高中生物学　必修 1　分子与细胞》第 3 章第 2 节的内容，这一节主要阐述两个问题：细胞质当中的各个细胞器是如何分工的？又是如何合作的？“问题探讨”以我国研制 C919 大飞机为背景，通过问题帮助学生理解系统内部各成分之间分工合作的关系，理解细胞作为最基本的生命系统，也由各部分通过分工合作运转起来。在“细胞器的分工”这一部分，教材以图片的形式生动形象地展现了各个细胞器的形态、结构和生理功能，在“细胞器的合作”这一部分，教材以“分泌蛋白的合成和运输”为例，帮助学生理解细胞器之间的协调与合作。

2. 教学目标

（1）制作黑藻、菠菜叶、洋葱鳞片叶、花瓣、口腔上皮细胞临时装片，观察显微镜下的各种细胞器如线粒体、叶绿体、液泡，观察胞质流动现象。

（2）用系统观分析分泌蛋白的合成和运输过程，理解细胞内各个细胞器通过协调合作完成生命活动。

（3）小组合作学习构建植物或动物细胞模型，运用模型解释各个细胞器的结构和功能。

3. 教学过程

教学实施程序如表 2.16 所示。

表 2.16　教学实施程序

教学环节	教师活动	学生活动	设计意图
一、导入	【导入】 展示黑藻、人的口腔上皮细胞图片，思考：细胞的基本结构有哪些？	【分析回答】 细胞的基本结构包括细胞膜、细胞核和细胞质，其中细胞质包括细胞质基质和细胞器。	通过观察细胞结构图，引导学生回忆细胞结构的相关知识，总结归纳相关概念的逻辑关系。

（续表）

教学环节	教师活动	学生活动	设计意图
二、细胞器的分工	【实验】 用高倍显微镜观察细胞器和细胞质的流动 制作黑藻、菠菜叶、洋葱鳞片叶、花瓣、口腔上皮细胞临时装片，在显微镜下观察并拍照记录细胞质中有哪些细胞器。 【思考】 在显微镜下观察到多种细胞器，若要研究单一细胞器的功能，有哪些思路和方法？ 【方法介绍】 可以用差速离心法分离细胞器，该方法利用差速离心机，采取逐渐提高离心速率分离不同大小的颗粒。	【小组合作】 制作临时装片，观察叶绿体、液泡、线粒体等细胞结构，观察胞质环流的现象。 【学生讨论】 需要将不同的细胞器分开。	通过小组实验和对分离细胞器方法的讨论，提高实验操作技能和分析问题的能力。
三、构建动植物细胞模型	【布置任务】 引导学生阅读教材第48页植物细胞和动物细胞亚显微结构模式图，以表格的形式总结归纳细胞器的结构和功能，小组合作，利用橡皮泥，构建动植物细胞模型。 【模型评价和完善】 组织各个小组介绍他们制作的细胞模型，引导其他小组从经济性、环保性、实用性、科学性、美观性等角度评价细胞模型。	【小组合作】 组内学生集体阅读教材，完成表格，再进行分工：每个学生完成两到三个细胞器的制作，最后将细胞组装起来。 【汇报和评价】 各小组派出代表，介绍组内制造的细胞模型，其他小组进行评价，再根据评价结果进一步完善模型。	让所有学生都参与到模型制作活动中，模型制作、评价与完善环环相扣，避免模型构建活动只是一些学习能力较强、表现欲望较高的学生的活动。
四、细胞器之间的协调配合	【概念建构】 唾液腺细胞可以合成唾液淀粉酶，分泌到口腔中发挥作用；浆细胞可以分泌抗体，分泌到血浆中发挥作用；垂体细胞可以分泌生长激素，分泌到体液中发挥作用。从蛋白质来源和去路角度分析，以上蛋白质有什么特点？	【明确概念】 学生通过三则实例，明确分泌蛋白的概念：在细胞内合成后，分泌到细胞外起作用。	通过典型实例帮助学生构建分泌蛋白的概念。

（续表）

教学环节	教师活动	学生活动	设计意图
五、细胞的生物膜系统	【问题串索引】 1. 分泌蛋白的合成和运输在微小的细胞内发生，研究分泌蛋白的合成和分泌过程，有哪些思路和方法？ 2. 根据教材所示"豚鼠胰腺腺泡细胞分泌蛋白形成过程图解"资料，思考：分泌蛋白的合成和分泌过程，涉及哪些细胞器或细胞结构？ 3. 分泌蛋白合成和分泌的过程中需要能量吗？能量由哪里提供？ 4. 最后，师生共同总结分泌蛋白合成和分泌过程。 【提问】 回忆学习过的真核细胞结构，哪些细胞结构是具膜的？这些膜结构相似吗？有没有什么联系？	【学生回答】 1. 可以对构成分泌蛋白的氨基酸做"标记"，标记出现在某细胞器中，说明其参与了分泌蛋白的合成和运输。 2. 分泌蛋白的合成和运输先后经过核糖体→内质网→囊泡→高尔基体→囊泡→细胞外。 3. 需要线粒体提供能量。 【学生总结】内质网、高尔基体、线粒体、细胞核、囊泡等都有膜结构。	通过一系列问题串，帮助学生构建分泌蛋白的合成和运输过程，进一步理解细胞内各个细胞器的分工合作关系。 以小结的形式引出生物膜系统的相关知识，起到总结提升的作用。

4. 教学反思

本案例以"构建动植物细胞模型"为中心，通过实验、阅读教材等活动帮助学生理解细胞器分工和协作的关系。其中，小组合作构建动植物细胞模型是本节的重要内容，应保证充足时间在课堂上完成。在课堂上完成和在课下完成相比，有以下优点：一是所有学生都参与到模型制作活动中，从而避免模型构建活动只是一些学习能力较强、表现欲望较高的学生的活动；二是在制作过程中产生的疑惑可以随时咨询教师，使教师给予学生的指导与学生期望得到的指导一致；三是教师在巡视过程中可以发现学生在制作过程中出现的问题，并及时指出；四是及时的交流和评价，不仅能使学生及时修正完善构建的模型，鉴赏其他小组的制作成果，而且还能进一步检验学生对细胞结构相关知识的掌握，有利于学生相互促进、主动学习。

评价是教学过程中不可缺少的环节，客观、公正、合理的评价可以提高学生对模型构建活动的兴趣，激发学习的动力。在评价模型的环节，将学习过程评价与学习结果评价相结合，对合作小组集体的评价与对小组成员个人的评价相结合，可以起到激励小组中每个成员的作用。

附实验：

实验：用高倍显微镜观察叶绿体和细胞质的流动

【基础知识】

基础知识概览如表 2.17 所示。

表 2.17　基础知识概览

细胞器	膜的层数	分布	功能	简图
线粒体			有氧呼吸的主要场所	
叶绿体				
核糖体				
内质网				
高尔基体				
中心体		动物细胞和低等植物细胞		
液泡				
溶酶体	单层膜			

【实验原理与方法】

1. 叶肉细胞中的叶绿体，散布于细胞质中，呈绿色、__________或球形。可以在________下观察它的形态和分布。
2. 活细胞的细胞质处于__________的状态，观察细胞质流动，可用细胞质基质中__________的运动作为标志。

【实验操作】

"用高倍镜观察叶绿体"实验操作流程如表 2.18 所示。

表 2.18　"用高倍镜观察叶绿体"实验操作流程

步骤	实验操作	提示与问题	自我评价
1	在洁净的载玻片中央滴一滴清水。用镊子取藓类的小叶，或者取菠菜叶稍带叶肉的下表皮，放入水滴中，盖上盖玻片，制成临时装片。	1. 临时装片中的叶片必须保持有水状态，原因是____________。 2. 撕取稍带叶肉的下表皮的原因是________________。	

（续表）

步骤	实验操作	提示与问题	自我评价
2	将制作好的临时装片放在低倍显微镜下观察，找到叶片细胞后，换高倍显微镜，仔细观察叶片细胞内叶绿体的形态和分布。	1. 用藓类或者黑藻的叶观察叶绿体比较好的原因是：__________。 2. 细胞质基质中叶绿体______（是/不是）静止不动的。 3. 观察叶绿体______（需要/不需要）染色。	
结果	在下图中画出叶绿体所在位置： 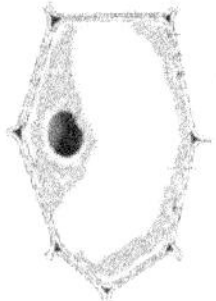	植物根尖细胞中________（含/不含）有叶绿体。	
整理	清洗载玻片、盖玻片，整理实验桌面，填写实验报告。		

“制作黑藻叶片临时装片并观察细胞质的流动”实验操作流程如表2.19所示。

表2.19 “制作黑藻叶片临时装片并观察细胞质的流动”实验操作流程

步骤	实验操作	提示与问题	自我评价
1	供观察用的黑藻，应事先放在光照、室温条件下培养。		
2	将黑藻取出，用镊子从新鲜枝上取下一片幼嫩的小叶，将小叶放在载玻片的水滴中，盖上盖玻片。		
3	先用低倍镜找到黑藻叶肉细胞，然后换高倍镜观察。	此时的细胞是______（活/死）细胞。	
结果	植物细胞的细胞质处于不断流动的状态。	不同细胞中细胞质流动方向是否一致？ __________________________	
整理	清洗载玻片、盖玻片，整理实验桌面，填写实验报告。		

【选择性学习与研究】

1. 尝试网上搜索“叶绿体、胞质环流”，进一步了解有关叶绿体和细胞质研究的新进展。
2. 尝试使用不同的实验材料观察叶绿体，发现不同细胞中的叶绿体形态，并寻找观察叶绿体的最佳实验材料。

三、细胞核的结构和功能

1. 教材分析与设计思路

“细胞核的结构和功能”是人教版《高中生物学　必修1　分子与细胞》第3章第3节的内容，这一节主要阐述两个问题：细胞核的功能有哪些？细胞核的结构是怎样的？“问题探讨”以克隆牛为例，通过问题帮助学生初步理解细胞核的作用及其重要性。在“细胞核的功能”这一部分，教材出示了四则资料，引导学生通过问题归纳细胞核与生物生长、生殖、性状表现等的关系，从而总结细胞核的生理功能。“细胞核的结构”这一部分内容较为简单，教材以文字和图片相结合的形式进行介绍，清晰具体。

2. 教学目标

(1) 运用高倍显微镜观察滴加红墨水的洋葱鳞片叶内表皮细胞临时装片，结合教师出示的实例，说明细胞核的形态。

(2) 根据教材出示的四则资料，理解细胞核的功能和重要性。

(3) 小组合作学习构建细胞核模型，运用模型解释细胞核内部结构。

3. 教学过程

教学实施程序如表2.20所示。

表2.20　教学实施程序

教学环节	教师活动	学生活动	设计意图
一、实验导入	【观察洋葱鳞片叶内表皮细胞细胞核实验】 在载玻片中央滴一滴清水；取洋葱鳞片叶内表皮放在清水中，盖上盖玻片；从盖玻片一侧滴入稀释红墨水，在盖玻片的另一侧用吸水纸吸引，这样重复几次；在显微镜下观察。	【进行实验】 按照实验步骤进行实验，在显微镜下进行观察，可看到圆状细胞核。	通过小组实验和实例讨论，提高动手操作技能和分析归纳总结的能力。
二、细胞核的形态和数量	【实例展示】 1. 哺乳动物成熟的红细胞没有细胞核。 2. 高等植物成熟的筛管细胞没有细胞核。 3. 骨骼肌细胞有多个细胞核。 4. 一种白细胞的核为马蹄形。	【学生总结】 在细胞中，细胞的数目多为一个，但有特殊情况；细胞的形态多为球形或椭球形，但有特殊情况。	
三、细胞核的功能	【提出问题】 请同学们思考，研究细胞核的功能，有哪些思路方法？ 【材料选择】 研究细胞核的功能，可以选择下述哪些材料：胚胎细胞、哺乳动物成熟红细胞、大肠杆菌、受精卵、艾滋病病毒、变形虫？	【学生回答】 可以将细胞核移除、交换等。 【学生回答】 可以选择胚胎细胞、受精卵、变形虫，它们有细胞核的结构，其余材料没有真正的细胞核。	通过问题引领学生思考研究细胞核的一般思路和方法，培养学生解决问题的能力。

（续表）

教学环节	教师活动	学生活动	设计意图
	【实验资料分析】 投影资料1:美西螈核移植实验 问题1:美西螈的肤色的遗传受谁的控制? 投影资料2:蝾螈受精卵横缢实验 问题2:蝾螈受精卵的分裂及分化主要受谁控制? 投影资料3:变形虫实验 问题3:变形虫的生命活动主要受谁的控制? 【自主设计实验】 介绍伞藻细胞的结构,提出问题,伞藻的结构特点取决于细胞核还是细胞质?如何设计实验加以证明?讨论哪种实验思路更严谨?为什么? 投影资料4:伞藻核移植实验结果。 小结:引导学生填写表格,回顾四则实验的实验结论,总结细胞核的功能。	【学生回答】 回答1:美西螈的肤色的遗传受其细胞内的细胞核的控制。 回答2:蝾螈受精卵的分裂及分化主要受细胞核控制。 回答3:细胞核。 【学生回答】 思路1:进行伞藻核移植实验。 思路2:进行伞藻嫁接实验。 思路1更严谨,因为进行嫁接时,也有细胞质的交换。 【师生总结】 细胞核是遗传信息库,是细胞遗传和代谢的控制中心。	发展学生分析实验结果、得出结论的能力。 在前人实验的基础上,为学生提供适宜的实验材料,引导学生自主设计实验,提高设计实验的能力。
四、细胞核的结构	【自主研读】 引导学生自主研读教材关于细胞核结构的介绍,思考问题: 1. 细胞核由哪几部分组成?它们的作用各是什么? 2. 细胞核为什么具有控制细胞代谢和遗传的功能?主要与细胞核中哪一结构有关? 3. 什么是染色质?染色质与染色体是什么关系? 【小组合作】 引导学生前后桌四人为一个小组,填写报告单,明确小组分工,制作细胞核模型,并将细胞核放入之前制作的细胞模型中,进一步完善细胞模型。 【小组汇报】 留出充裕的时间,让每小组一名代表上前展示细胞核模型和进一步完善好的细胞模型,重点介绍该模型在哪些方面进行了改善。	【学生回答】 学生根据教材内容,回答问题,明确细胞核的结构和各结构之间的关系。 【学生活动】 在已有的建构模型的认知上,以小组为单位,自主完成细胞核的模型构建过程。 【组间评价】 在小组展示过程中,其他小组根据评价表对该模型进行评价。	通过小组合作完成模型建构,深入理解细胞核的结构。 通过组间评价,各小组进一步明确自身模型需要改善之处,实现知识共享。

4. 教学反思

本案例突出两个重点，一是研究细胞核功能的设计思路，从实验角度帮助学生在理解细胞核功能的基础上，发展设计实验的科学思维。第二个重点在于在制作细胞核结构模型的基础上，进一步完善细胞模型，实现对模型建构的再利用、再学习。在建构模型过程中，需注意以下三点。第一，在小组汇报的过程中，不仅要分享建构的模型，也要分享在建构过程汇总中遇到的关键问题和解决办法。每个学生对知识的理解都是基于自己的认识，学生的关注点不同，理解就有可能发生偏差，组间评价的活动为学生提供了一个平台，有利于查缺补漏。第二，知识的协商是通过小组合作的方式进行的，因此合作的有效性影响模型建构的效果。在模型建构过程中，不仅要关注个体的心理变化，还应该关注小组合作的情况。第三，重视模型的修改与完善，在本课结束后，学生应针对自身构建的模型存在的缺陷进行修改，进一步完善模型。

附实验：

实验：制作真核细胞的三维结构模型

【基础知识】

1. 根据细胞中是否含有__________分为__________细胞和__________细胞。真核细胞具有________、________、________等结构。
2. 原核细胞中没有________________，遗传物质集中在一个没有明确界限的区域，这个区域称为_____________。原核细胞构成的生物称为原核生物，如__________、________等。
3. 核膜：____________层膜构成，把细胞质和核内物质隔开。核膜上有___________，其功能是________________________________。
4. 核仁：与____________的合成有关。
5. 细胞核的功能是____，其中含有遗传信息的结构是__________，它的主要成分为__________。

【实验原理与方法】

模型是人们为某种特定目的而对认识对象所作的一种简化的概括性的描述，这种描述可以是定性的，也可以是定量的。模型可以分为物理模型、数学模型和概念模型。本活动是运用物理模型的方法，以实物的形式直观地表现对真核细胞三维结构的认识。

【实验操作】

“制作真核细胞的三维结构模型”实验操作流程如表 2.21 所示。

表 2.21 “制作真核细胞的三维结构模型”实验操作流程

步骤	实验操作	提示与问题	自我评价
1	材料选择	选择实验材料时有哪些考虑?	
2	细胞和细胞器制作	模型的科学性可以从哪些方面考虑?	
结果	真核细胞三维结构模型		

【选择性学习与研究】

1. 尝试网上搜索科学家运用模型方法构建生物大分子的过程,如 DNA 双螺旋结构等。
2. 尝试制作不同的真核细胞以及原核细胞的结构模型,并比较异同点。

第四节　重组实验课程四:细胞的物质输入和输出

一、被动运输

1. 教材分析与设计思路

“细胞的物质输入和输出”是人教版《高中生物学　必修 1　分子与细胞》第 4 章,该章节包含“被动运输”和“主动运输与胞吞、胞吐”2 节内容。经过前 3 章的学习,学生已经具备了细胞基本结构的认识,了解了细胞膜的结构,但是对于细胞膜的功能还不清楚。所以本章刚开始先用一个物理渗透装置演示水分子通过半透膜的现象,分析水分子渗透扩散的原理,为后续学习水分子进出细胞的原理奠定基础,之后教材分别以动物细胞和植物细胞为例,归纳渗透作用的原理。由于植物细胞有细胞壁,成熟的植物细胞还有中央大液泡,使得植物细胞的吸水和失水与动物细胞有所差别。因此,教材设计了探究实验:探究植物细胞的失水和吸水,通过探究实验,直观地观察植物细胞的失水与吸水,引导学生构建被动运输的概念。

2. 教学目标

(1) 通过渗透实验以及观察细胞的吸水与失水说明水分子进出细胞的原理,阐述原生质层的选择透过性与质壁分离及其复原的关系。

(2) 通过水分子进出细胞的方式的探索学习,构建被动运输的概念,并列举被动运输的具体实例。

(3) 通过对被动运输实例的具体分析与讨论,尝试运用物质跨膜运输的知识解决有关试剂问题。

3. 教学过程

(1) 创设问题情境，引导学生思考物质进出细胞的机理

利用物理渗透装置演示水分子通过半透膜的渗透现象，通过演示实验帮助学生理解半透膜的特性，进而分析渗透现象发生的原理和条件。

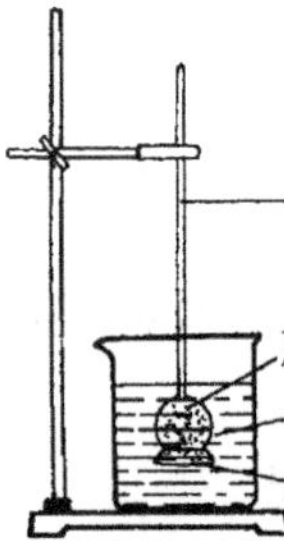

图 2.3　渗透装置

在渗透装置中，半透膜的选择对于实验效果有明显的影响，能作为半透膜的材料有很多，主要分为两类：一类是生物材料，如鸡蛋卵壳膜、鱼鳔膜、膀胱膜、种皮、处理过的叶片等；另一类是非生物材料，如玻璃纸、处理过的蜡纸、滤纸、较薄的瓷片等。选择不同的半透膜材料配合相关溶液和器具组合成一套渗透装置(图 2.3)，通过在不同时间段观察的液面高度值的比较，即可分析出各自的渗透效果。

陈维[①]选用鸡蛋卵壳膜、膀胱膜、鱼鳔膜、植物叶片、纤维滤纸、玻璃纸和蜡纸这 7 种不同的半透膜分别组成渗透实验装置，探究各种材料的渗透作用结果，对比相同时间段内液柱上升均值发现：30 分钟内以鸡蛋卵壳膜和玻璃纸为半透膜的渗透装置的渗透效果最明显，液柱上升均值接近 20 cm；以鱼鳔膜和蜡纸为半透膜的渗透装置的渗透效果不是很明显，液柱上升均值约为 2 cm。张慧[②]选用猪膀胱、鸡蛋、猪小肠、鱼鳔、蚕豆、滤膜和梧桐树叶为材料制作渗透装置，进行实验，得出常见半透膜中渗透作用效果最好的半透膜为鸡蛋卵壳膜的单层膜。

多个实验结果表明，以鸡蛋卵壳膜为半透膜进行渗透作用的效果最好，若选用鸡蛋作为半透膜则制作过程较为烦琐且鸡蛋膜容易破损，难以承受漏斗内的液体之重，所以更多的教师更愿意选择用鱼鳔来制作渗透装置。

首先，鱼鳔的来源广泛，取当地常见的鲫鱼(或其他鱼)的鱼鳔即可。其次，制作过程简洁。鱼鳔分为 2 室，一室为卵形，另一室为圆锥形，都可用于实验。把鱼鳔从鱼腹中取出，去掉外层白色的黏膜，用 0.1 mol/L 的盐酸浸湿，再用清水浸泡 30 min，然后在鱼鳔交接处剪开，放出气体，轻柔漂洗即可使用。平时可以将收集到的鱼鳔晒干保存，用时只需浸入清水中待其变软后即可。鱼鳔从鱼腹中取出后，去除外层白色的黏膜，即使没有使用盐酸处理，直接用清水洗净晒干也可以直接用于渗透装置的制作。由于鱼鳔的渗透效果不明显，一节课时间学生难以观察到明

① 陈维.七种半透膜材料“渗透现象”的实验研究[J].生物学教学，2006,31(8):73-74.

② 张慧.探究几种常见半透膜中渗透作用效果最好的半透膜[J].生物学通报，2018,53(7):53-56.

显的实验现象，建议提前一天将渗透装置放于教室，给学生分配任务：在一天的时间内分不同的时间段进行观察，记录液柱上升的高度，并尝试进行分析。

上课时以渗透装置引入课堂，结合书本“问题探讨”，引导学生建构扩散和渗透作用两个概念。

（2）动物细胞渗透现象

类比渗透装置，分析动物细胞渗透现象。观察“水分子进出哺乳动物红细胞的示意图”，比较红细胞在 3 组不同浓度 NaCl 溶液中形态变化的图片（高渗溶液中皱缩、低渗溶液中涨破、等渗溶液中保持原有形态），通过“类比推理法”使学生认识到红细胞的细胞膜相当于半透膜，吸水或失水取决于细胞内外的浓度差。

（3）实验探究植物细胞的吸水与失水

植物细胞具有细胞壁，成熟的植物细胞还有中央大液泡，这两个特点使得植物细胞的吸水和失水现象与动物细胞相比有明显的区别。因此需要选择合适的材料进行实验，观察植物细胞的吸水与失水。

紫色洋葱鳞片叶外表皮是单层细胞，便于制作临时装片，且具有紫色大液泡，易于在显微镜下观察原生质层和细胞壁的位置关系，通过液泡大小可观察到细胞是否失水或吸水，是进行该实验的理想材料。

实验材料和试剂：每一组实验台上放置鲜活的紫色洋葱鳞片叶、白色洋葱鳞片叶、洋葱根尖组织块。实验台上放置 0.3 g/mL 蔗糖溶液，0.5 g/mL 蔗糖溶液，清水。

教学实施程序如表 2.22 所示。

表 2.22　教学实施程序

教学环节	教师活动	学生活动	设计意图
提出问题	1. 回顾渗透作用的两个条件： （1）半透膜； （2）半透膜两侧存在浓度差。 2. 引发学生思考： 植物细胞能不能发生渗透作用？ 3. 提出问题： 植物细胞在什么情况下吸水？在什么情况下失水？ 4. 举例： 集市卖菜的人洒水能给蔬菜保鲜：渗透吸水，保持新鲜度。农作物施肥过多，会造成“烧苗”：外界浓度过高，植物发生渗透失水，后死亡。 5. 展开讨论，引导学生发现问题，提出问题，透过现象看本质。	学生在教师创设的情境下发现问题、提出问题。	联系学生已有的知识，回顾旧知识。

（续表）

<table>
<tr><th>教学环节</th><th>教师活动</th><th>学生活动</th><th>设计意图</th></tr>
<tr><td>作出假设</td><td>提示学生：成熟的植物细胞有中央大液泡，占细胞体积约90%。细胞壁是全透性的；细胞膜、液泡膜是选择透过性膜。根据这些结构的特点，学生作出假设：原生质层相当于一层半透膜。</td><td>学生作出假设。</td><td>通过结构对比得出：原生质层相当于一层半透膜，锻炼学生的科学思维能力。</td></tr>
<tr><td>设计实验</td><td>指导学生思考：假设只是一种推测，需要实验来检验，如何设计实验？设计实验应明确实验目的，掌握科学的实验原理，讨论出验证假设的基本思路。
问题1：实验材料需要满足什么要求，桌上的实验材料哪种最适合进行实验？
问题2：用什么试剂可以使细胞失水、吸水的效果更好？
问题3：用什么方法观察实验现象？
提示学生：植物细胞吸水和失水是一个微观过程。</td><td>学生讨论得出：紫色洋葱，并解释选材的原因。
学生讨论分析得出：0.3 g/mL蔗糖溶液，清水。
学生思考得出：制作临时装片，用显微镜观察。</td><td>通过问题串的形式引导学生进行实验探究，让学生体验实验设计的方法步骤，训练学生分析问题、解决问题的能力，培养学生严密的创造性思维。</td></tr>
<tr><td>进行实验</td><td>分组实验：
1. 两个学生一组进行实验，通过实验，训练学生实验技能，培养学生合作能力。
2. 组织学生分组进行实验，指导学生按照实验方案认真操作，仔细观察，将每一步的观察结果记录下来。</td><td>学生按照实验方案认真操作，仔细观察记录结果。</td><td>通过分组实验，训练学生实验的技能，培养学生团队合作的精神。</td></tr>
<tr><td>实验结果</td><td>指导学生列表记录实验结果：
<table>
<tr><th>外界溶液</th><th>中央液泡大小</th><th>原生质层的位置</th><th>细胞大小</th></tr>
<tr><td>蔗糖溶液</td><td></td><td></td><td></td></tr>
<tr><td>清水</td><td></td><td></td><td></td></tr>
</table>
</td><td>学生列表记录实验结果。</td><td></td></tr>
</table>

（续表）

教学环节	教师活动	学生活动	设计意图
分析结果，得出结论，分析实验原理	请学生代表展示实验结果，培养学生的表达能力。引导学生对实验结果与预期进行对比，得出正确结论。	让学生在小组内分析讨论实验结果，引导学生对实验结果与实验预期结果进行对比，进而思考实验结果是否支持所作的假设，最后得出小组结论。	通过对比分析，组内讨论，培养学生综合分析的能力，也锻炼学生与人沟通的能力。
表达交流	对学生的实验结果进行解释，总结植物细胞失水与吸水的要求和特点。	学生总结该实验的应用。	通过表达和交流，让学生对知识进一步内化，对实验探究有更深入的理解。
进一步探究	如果改变实验试剂，又会得出什么样的实验结果呢？（这为后面学习物质跨膜运输的方式做铺垫。）植物细胞会由于过多吸水而涨破吗？	学生进一步做实验，列表记录实验结果。	

实验注意事项：

1. 选用新鲜的紫色洋葱，以保证细胞膜具有选择透过性，避免因细胞干燥、衰老影响实验效果。
2. 实验过程中要保证显微镜视野不变，在载物台上滴加蔗糖溶液和清水，引发细胞进行质壁分离和质壁分离的复原时，观察的是同个视野的细胞，便于比较。
3. 质量浓度为 0.3 g/mL 蔗糖溶液比较黏稠，提醒学生实验过程中小心操作，避免溶液沾到物镜或载物台，实验结束后尽快清洁物镜和载物台。
4. 观察到质壁分离现象后，在此基础上可以更换实验试剂，选用 0.6 mol/L 的硝酸钾溶液，其他操作方法和步骤不变，观察质壁分离的复原现象。由于植物会主动转运硝酸根离子进入细胞，滴加 0.6 mol/L 的硝酸钾溶液使植物细胞在出现质壁分离现象后，较短时间后会出现自动复原的现象。

(4) 建构概念,总结提升

指导学生归纳总结动物细胞与植物细胞吸水和失水的区别与联系,由此引出被动运输的概念,说明被动运输分为两类:自由扩散和协助扩散。展示自由扩散和协助扩散示意图,引导学生观察图片,总结自由扩散和协助扩散的区别和联系以及载体蛋白和通道蛋白的区别和联系,归纳被动运输的概念以及被动运输对于细胞生命活动的意义。

结合具体实例,如盐碱地,指导学生分析为什么盐碱地不适合植物生长,通过对实例的具体分析与讨论,尝试运用物质跨膜运输的知识解决有关试剂问题。

4. 教学反思

本节内容较多,建议 2 课时。在制作渗透装置时,由于一个渗透装置只能使用一次,在多个班级进行教学时,要准备多个渗透装置。在探究植物细胞的失水与吸水实验时,提醒学生在使用刀片时注意安全。

附实验:

实验:探究植物细胞的吸水和失水

【基础知识】

1. 成熟植物细胞中____________占据了细胞的大部分空间,细胞内的液体环境指____________内的细胞液,水分子进出细胞需要经过__________结构,具体包括____________、____________以及__________________。
2. 植物细胞的_________相当于一层半透膜,对进出细胞的物质具有_______性。
3. 物质以扩散的方式进出细胞,不需要_________________这种物质跨膜运输的方式称为_________________。

【实验原理与方法】

1. 当细胞液的浓度____________外界溶液的浓度时,细胞液中的水分就会透过____________进入外界溶液,由于____________比细胞壁的伸缩性_______________,当细胞不断失水时,与细胞壁逐渐分离开来,逐渐发生_________________现象。
2. 当细胞液的浓度______________外界溶液的浓度时,外界溶液中的水分透过___________________进入细胞液中,使植物细胞逐渐发生______________现象。

【实验操作】

“探究植物细胞的吸水和失水”实验操作流程如表 2.23 所示。

表 2.23 “探究植物细胞的吸水和失水”实验操作流程

步骤	实验操作	提示与问题	自我评价
1	制作洋葱鳞片临时装片	(1) 用滴管在载玻片上滴 1 滴__________，撕取一小块洋葱鳞片叶________表皮，并展平。 (2) 避免产生气泡。	
2	观察洋葱表皮细胞	(1) 将__________对准通光孔，调节__________，获得明亮的视野，把装片放在载物台上观察。 (2) 观察植物细胞的____________以及____________。	
3	观察质壁分离	(1) 从盖玻片的一侧滴入__________，另一侧用__________吸引，重复几次，使细胞充分浸润在__________中。 (2) 能不能观察到动物细胞的质壁分离现象？	
4	观察质壁分离复原	从盖玻片的一侧滴入__________，另一侧用__________吸引，重复几次，使细胞充分浸润在__________中。	
结果	将质壁分离前后观察到的细胞图像分别画于此处，并注明各部分名称。		

【选择性学习与研究】

1. 选择不同的植物材料(如黑藻、紫甘蓝、茶花瓣等)探究植物细胞的质壁分离情况，并比较不同材料的优缺点。
2. 选择不同的外界溶液(如相同浓度的蔗糖、硝酸钾、氯化钠等)探究植物细胞的质壁分离情况，并比较溶液选择的优缺点。
3. 能否通过植物细胞吸水和失水来测量细胞液的浓度？如果可以，测量细胞液浓度的过程是怎样的？

二、主动运输与胞吞、胞吐

1. 教材分析与设计思路

本节是人教版《高中生物学　必修1　分子与细胞》中第4章“细胞的物质输入和输出”的第2节。在此之前学生已学习了生物膜的结构特性和功能特性，以及被动运输。本节内容是以概念为线索编写的，内容属于微观水平，又比较抽象，但逻辑十分清晰，教材中几幅插图也形象生动地展示了三种运输方式，能够有助于学生对微观抽象的现象进行理解和记忆。同时，本节注意引导学生关注所学内容与健康的关系，用两个“与社会的联系”介绍了与主动运输、胞吞、胞吐有关的问题，提升学生的社会责任意识和担当能力。本节内容并未设计相关实验教学，但可以通过对几种跨膜运输方式的探究性学习，培养学生对实验数据解读和信息阅读的科学思维、设计实验的科学探究能力。

2. 教学目标

(1) 通过对小分子物质逆浓度梯度进出细胞的分析，能够阐明主动运输的过程、特点和意义。

(2) 通过大分子物质进出细胞过程的学习，能够举例说明胞吞和胞吐的过程。

(3) 通过对物质跨膜运输进出细胞多种方式的比较，总结概括细胞膜具有选择透过性，掌握判断物质跨膜运输的方法。

(4) 能够运用物质运输的原理解释某些疾病的发生、药物的治疗思路和科学饮食习惯的重要性等实际问题。

3. 教学过程

教学实施流程如表2.24所示。

表2.24　教学实施流程

教学环节	教师活动	学生活动	设计意图
课堂导入	展示教材“问题探讨”，引导学生思考：甲状腺滤泡上皮细胞吸收碘是通过被动运输吗？	学生结合“问题探讨”进行思考。	以“甲状腺激素的原料进入细胞的方式”为问题情境，引导学生思考，激发学生的学习兴趣。

（续表）

<table>
<tr><th>教学环节</th><th>教师活动</th><th>学生活动</th><th>设计意图</th></tr>
<tr>
<td>主动运输</td>
<td>【展示资料 1】I^-和氨基酸是合成甲状腺激素的重要原料。研究人员发现甲状腺滤泡上皮细胞中I^-和氨基酸浓度均比血液中高出几十倍。图 1 所示即为I^-和氨基酸进入甲状腺滤泡上皮细胞的模式图。
（图 1 见表后）
【展示资料 2】科学家在研究I^-跨膜运输的条件时，做了以下实验：先向离体的甲状腺滤泡上皮细胞周围溶液注入微量的放射性同位素$^{131}I^-$，不久可测得细胞中存在$^{131}I^-$，如果在细胞内先后注入 ATP 抑制剂和 ATP（细胞代谢所需的直接能量物质），测得细胞中$^{131}I^-$的含量如图 2 所示。
（图 2 见表后）
1. 引导学生思考导学案中的问题。
2. 教师引导学生总结归纳，比较被动运输与主动运输在物质运输方向、条件的异同，完成导学案中的表格。</td>
<td>学生结合导学案中展示的资料，小组合作，思考并回答导学案中的问题：①比较 O_2、H_2O 等物质进入细胞的方式与图 1 中I^-和氨基酸进入甲状腺滤泡上皮细胞的方式，分析两类跨膜运输方式在运输方向和运输条件中有何异同。
②资料 2 中所用的研究方法是什么？由图 2 可知，I^-跨膜运输时需具备什么条件？
③图 1 中细胞膜上的载体对物质的运输表现出什么特点？体现了细胞膜什么功能特性？
④较之被动运输，生物体通过上述方式实现物质进出细胞，对生物体有何意义？
学生在教师引导下完成表格。
<table>
<tr><th colspan="2">运输方式</th><th>方向</th><th>条件</th><th>实例</th></tr>
<tr><td rowspan="2">被动运输</td><td>自由扩散</td><td rowspan="2">顺浓度梯度</td><td>无</td><td>脂溶性小分子、气体分子、水等</td></tr>
<tr><td>协助扩散</td><td>载体蛋白</td><td>葡萄糖进入红细胞等</td></tr>
<tr><td colspan="2">主动运输</td><td>逆浓度梯度</td><td>载体蛋白
能量</td><td>大部分离子、葡萄糖进入小肠上皮细胞等</td></tr>
</table>
</td>
<td>设置问题串，小组合作学习，思考并解决问题，锻炼学生的科学思维能力。</td>
</tr>
</table>

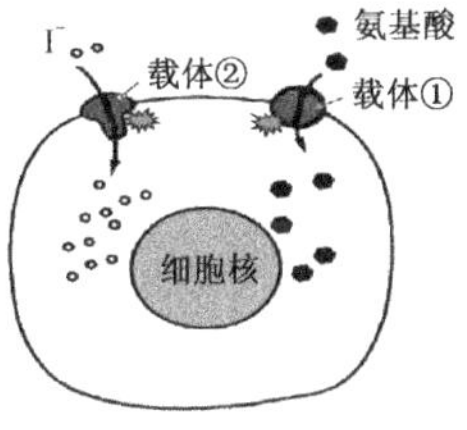

图 1　甲状腺滤泡上皮细胞

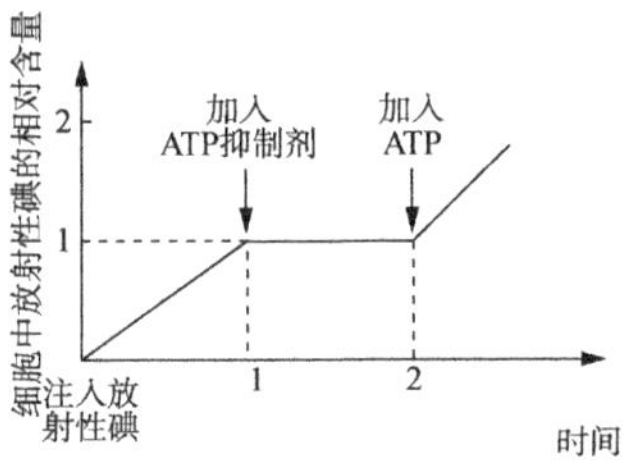

图 2　不同条件下细胞中$^{131}I^-$含量变化曲线图

（续表）

教学环节	教师活动	学生活动	设计意图
胞吞与胞吐	1. 仍以“甲状腺激素产生过程”为主线，过渡至下一个问题情境：I^-和氨基酸以主动运输的方式进入甲状腺滤泡上皮细胞后，合成的大分子物质甲状腺球蛋白以什么方式排出细胞，储存在滤泡液中？当机体需要甲状腺激素时，滤泡液中甲状腺球蛋白被细胞回收后在溶酶体的参与下分解成甲状腺激素，那么甲状腺球蛋白是以什么方式被回收的？ 2. 教师紧接着提示：大分子物质甲状腺球蛋白进入细胞的过程与之相反，称为“胞吞”。 3. 教师展示模拟实验：以清水模拟细胞内液态环境，覆盖一层约 0.5 cm 植物油模拟动物细胞的细胞膜，鸡蛋液模拟大分子物质。将足够量鸡蛋液滴入油层①。 【展示资料 3】在模拟实验的基础上，展示资料 3：甲状腺滤泡上皮细胞能够在特定条件下将胞外滤泡腔中的甲状腺球蛋白胞吞回细胞（图 3）。研究人员研究该过程时，使用某种药物抑制线粒体的作用，发现甲状腺球蛋白胞吞和胞吐的速率均明显下降。 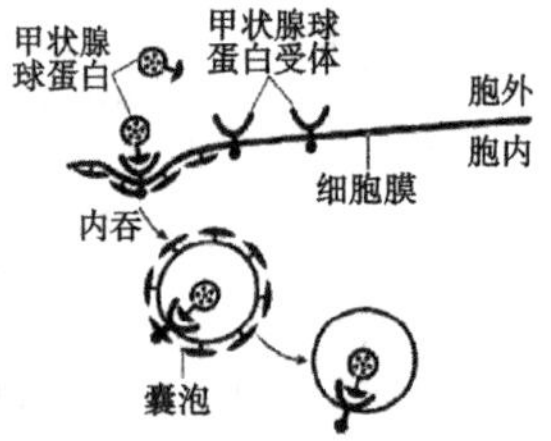 图 3　甲状腺球蛋白进入细胞过程示意图 总结：胞吞、胞吐都需要膜蛋白的参与，离不开膜脂的流动性，且需要消耗细胞代谢所释放的能量。胞吞、胞吐在转运大分子的同时还可以转运小分子。	1. 学生回忆分泌蛋白运出细胞的过程，初步了解“胞吐”。 2. 学生观察模拟实验，观察到鸡蛋液被植物油包裹成小球状沉入清水，一段时间后，还可看见包裹鸡蛋液的植物油层破裂，浮回油层。学生通过现象的观察和分析，得出结论：胞吞即细胞膜包裹着大分子内陷，形成小囊，进入细胞内部。同时明了这一过程的实现依赖于细胞膜的流动性。 学生分析资料 3 得出结论：胞吞胞吐过程中需要特异性受体介导，同时需消耗能量。	学生在学习“细胞器之间的分工合作”时了解了分泌蛋白的分泌过程，前后知识点衔接，帮助学生巩固知识。 胞吞胞吐的概念较为抽象，结合物理学知识，通过学科融合，展开模拟实验，将抽象的知识具象化。 结合图文资料进行分析，培养学生的科学思维能力。

① 时祺.“主动运输与胞吞胞吐”的理科融合教学设计[J].生物学教学，2021，46(11)：4.

（续表）

<table>
<tr><th>教学环节</th><th>教师活动</th><th>学生活动</th><th>设计意图</th></tr>
<tr><td>总结归纳</td><td>结合本节课所学内容完成导学案中的总结归纳。
<table><tr><td>自由扩散</td><td>小分子物质如＿＿＿＿＿＿及脂溶性物质如＿＿＿＿＿＿＿＿＿等</td></tr><tr><td>协助扩散</td><td>红细胞吸收＿＿＿＿＿＿</td></tr><tr><td>主动运输</td><td>无机盐、葡萄糖、氨基酸等＿＿＿＿＿＿梯度的运输</td></tr><tr><td>胞吞、胞吐</td><td>大分子物质、颗粒物质以及＿＿＿＿＿＿等小分子物质</td></tr></table></td><td>学生完成导学案的表格。</td><td>让学生通过回忆各种物质的跨膜运输方式，比较不同运输方式的特点，认同细胞膜的结构帮助细胞实现了选择性吸收或排出物质的功能，认同物质跨膜运输与能量密切相关。</td></tr>
</table>

4. *教学反思*

本节课以“甲状腺激素合成过程”为情境，以问题串层层推进，通过类比分析、解读模型等方法，培养学生分析问题、解决问题的科学思维能力。利用相关物理学原理模拟胞吞实验，培养学科融合和具象思维，该模拟实验只是教师演示，后排学生观看效果欠佳，如果能让学生小组合作，进行演示探究会更好。

第五节　重组实验课程五：细胞的能量供应和利用

一、降低化学反应活化能的酶

（一）酶的作用和本质

1. *教材分析与设计思路*

本节课为人教版《高中生物学　必修1　分子与细胞》第5章第1节第1课时的内容，本节内容包括酶的作用和酶本质的探索两大块。本节是在前面学习了有关细胞结构和功能的基础上进行学习的，细胞代谢之所以在温和的条件下高效进行，酶是不可缺少的条件。本节知识是生命活动的物质基础、结构基础与细胞代谢之间的重要承接，是学生理解细胞代谢概念的开始，是进一步了解酶的特性的基础，也是后面学习ATP及细胞呼吸、光合作用等重要代谢过程的前提，是理解“影响光合作用的环境因素”“内环境稳态的意义”等难点的关键突破点。通过“探究·实践”对酶的作用进行实验探究，由现象到理论理解酶的本质，酶催化作用的机理。学习本节实验中控制变量的原则是培养学生科学思维和科学探究能力的绝佳契机，对整个生物学实验教学有着非常重要的作用。

根据新课程理念，高中生物学教学重在培养学生的生物学科学素养，因此，本节课以自主探究科学发现的过程为设计理念，打破传统的学生接受记忆教材知识的习惯，关注学生的情感体验和已有的知识经验，切实落实学生的主体性教学。本节课以体内过氧化氢的清除为导线，探究过氧化氢酶对过氧化氢分解的影响。对实验设计层层引导，环环相扣，由易及难，使得学生在理解概念的基础上逐步形成科学思维。学生通过讨论质疑、设计分析并进一步解决问题，掌握生物科学探究的基本方法，了解和体验科学探究的过程，加深学生对科学探究的体会。培养学生实验探究能力、逻辑分析能力，运用科学的思维方法认识事物、解决实际问题的思维习惯和能力，落实“生命观念”“科学思维”“科学探究”的生物学核心素养。

2. 教学目标

(1) 通过分析材料、设计探究实验，说出变量之间的关系以及实验设计的基本步骤，形成设计实验的思维。

(2) 通过观察实验现象，逐步得出实验结论。

(3) 通过情境分析，说出酶的作用以及原理。

(4) 通过分析情境，尝试解决生活中的生物学问题。

3. 教学过程

“酶的作用和本质”教学实施程序如表2.25所示。

表2.25 “酶的作用和本质”教学实施程序

教学环节	教师活动	学生活动	设计意图
视频导入	播放视频：体育课上一位同学在进行八百米中长跑，中途该同学不慎摔倒，擦伤了膝盖，他正在用一种很常见的消毒药水清洗伤口，这种常见的药水俗称双氧水。 【提问】观看视频并思考以下问题： 1. 在这项运动中有哪些器官的参与？ 2. 这些器官分别起了什么作用？ 3. 双氧水的学名叫什么？ 4. 有没有人用过双氧水来消毒？ 5. 双氧水与这位同学的伤口接触后发生了什么现象呢？	根据教师的引导观看视频，学生根据自己已有的经验回答问题，在运动过程中主要有大脑、眼睛、肌肉等器官的参与。双氧水的学名叫过氧化氢。对该同学伤口产生大量白色气泡的原因进行猜测：	由身边常见的消毒伤口的事件引入，激发学生的好奇心和兴趣，鼓励学生积极思考，大胆猜想，增加学习的主动性。

(续表)

教学环节	教师活动	学生活动	设计意图
视频导入	【讲解】 细胞的生活需要物质和能量，物质的合成、能量的释放和利用等这些过程都必须通过化学反应来实现，细胞中每时每刻都进行着许多生物化学反应，统称为细胞代谢。 其实我们的细胞也会产生过氧化氢，不过它对细胞有毒害作用，幸好细胞内含有一种物质叫过氧化氢酶，能将过氧化氢及时分解为氧气和水。	1. 该同学的体温导致（加热）。 2. 体内存在某种物质促进了过氧化氢的分解（过氧化氢酶）。	
设计实验	一、设计实验 过氧化氢酶在过氧化氢分解的过程中起什么作用呢？要想找到答案，我们应该如何做呢？我们知道，科学是以事实作为判别的尺度的，要想找到证据，接下来，我们就要通过实验来进行探究。 【思考并小组讨论】如何设计实验来检验你的猜想？ 讨论结束后小组代表分享实验方案，并请其他同学评析和补充。 【思考】根据已有知识想一想，有哪些方法可以加快过氧化氢的分解呢？ 根据学生回答引入课本中的实验。 二、实验过程 根据提供的实验材料和用具，按照“探究·实践”中的实验步骤，两人为一组，分工协作完成“比较过氧化氢在不同条件下的分解”实验，并完成实验表格，交流讨论实验结果。	学生思考并讨论实验方案，小组代表分享实验方案： 1. 37 ℃水浴加热过氧化氢，观察产生的气泡的量。 2. 取某动物的部分细胞加入过氧化氢溶液中，观察产生的气泡的量。 3. 与过氧化氢溶液在常温下的分解情况作比较。 4. 根据已有知识，学生想到高温加热和加入催化剂可以加快过氧化氢的分解。 5. 学生完善探究过氧化氢在不同条件下的分解的实验设计。 两人为一组，根据课本中的实验步骤，完成实验。 1. 取 4 支试管，分别编号 1、2、3、4。 2. 分别在 4 支试管中加入 2 mL新配置的体积分数为 3%的过氧化氢溶液。	通过初步的实验设计，锻炼学生的探究能力和语言表达能力。通过实验提高学生的动手操作能力。通过观察实验现象引起学生的感知注意，提高学生课堂参与的积极性。

（续表）

<table>
<tr><th>教学环节</th><th>教师活动</th><th>学生活动</th><th>设计意图</th></tr>
<tr>
<td>设计实验</td>
<td>
<table>
<tr><td>试管编号</td><td>1号</td><td>2号</td><td>3号</td><td>4号</td></tr>
<tr><td>相同处理</td><td colspan="4">2 mL 3%的过氧化氢溶液</td></tr>
<tr><td>反应条件</td><td>常温</td><td>90 ℃加热</td><td>2滴3.5%的氯化铁溶液</td><td>2滴酵母菌溶液</td></tr>
<tr><td>气泡量</td><td></td><td></td><td></td><td></td></tr>
<tr><td>卫生香复燃情况</td><td></td><td></td><td></td><td></td></tr>
</table>

三、分析表格，引导学生思考并理解“自变量”“因变量”“无关变量”“单一变量原则”“对照实验”的特点，并且准确区分“实验组”“对照组”。

四、分析实验现象，交流讨论实验结论。
</td>
<td>
3. 观察1号试管在常温下的反应。2号试管放在盛有90 ℃的热水中保温，观察产生气泡的量。3号试管中加入2滴质量分数为3.5%的氯化铁溶液，放在常温下观察产生气泡的量。4号试管中加入2滴酵母菌溶液，放在常温下观察产生的气泡量。
4. 在3号和4号试管中放入带火星的卫生香，观察能否复燃。
5. 完成表格，记录实验结果。
<table>
<tr><td>试管编号</td><td>1号</td><td>2号</td><td>3号</td><td>4号</td></tr>
<tr><td>相同处理</td><td colspan="4">2 mL 3%的过氧化氢溶液</td></tr>
<tr><td>反应条件</td><td>常温</td><td>90 ℃加热</td><td>2滴3.5%的氯化铁溶液</td><td>2滴酵母菌溶液</td></tr>
<tr><td>气泡量</td><td>极少</td><td>少</td><td>很少</td><td>非常多</td></tr>
<tr><td>卫生香复燃情况</td><td></td><td></td><td>不复燃</td><td>复燃明显</td></tr>
</table>
根据老师的引导，对“自变量”“因变量”“无关变量”“单一变量原则”“对照实验”进行思考并充分理解。

小组合作讨论“探究·实践”中的讨论题，得出实验结论，认识酶在生物化学反应中的作用，体会酶的高效性。
高温、Fe^{3+}和过氧化氢酶均可促进过氧化氢分解，且在酶的作用下分解速率最快。
</td>
<td>基于实验事实，经过分析归纳得出酶在细胞代谢中的重要作用，理解“自变量”“因变量”“无关变量”的概念，掌握“单一变量原则”“对照实验”的生物学实验设计方法。</td>
</tr>
</table>

（续表）

教学环节	教师活动	学生活动	设计意图
观看视频	为何高温、加无机催化剂、加酶都可以使得反应快速发生呢？为何它们使反应发生的速度不同呢？下面我们通过一个视频了解：播放视频《酶的作用机理》。 【问题思考】 1. 什么叫作活化能？ 2. 酶作用的机理是什么？	观看视频，找到三个条件都能够使得过氧化氢分解加速的原理，并根据视频所讲解的内容完成思考。	利用直观视频来理解抽象内容，学会从唯物主义的角度来认识和分析问题，建立结构与功能相适应的科学思维。
情境再出现	我们再回到课前的视频，视频中的同学用过氧化氢清洗伤口，那么，过氧化氢除菌的原理是什么呢？ 过氧化氢是强氧化剂，接触伤口后，被人体的过氧化氢酶催化产生水和氧气，这个过程会将细菌的蛋白质瞬间氧化，使得细菌身亡从而达到除菌的效果。	由已有的知识经验，再根据课堂所学习的酶催化的化学反应进行推测，解决现实生活中的问题。	理论联系实践，提高学生解决问题的能力。
酶的本质	请同学们阅读教材第77页“探究·实践”并完成空格，理解酶的本质。	完成空格，理解酶的本质，交流学习感悟，尝试给酶下定义。	通过书本科学史的阅读，认识科学在争论中前进，在不断探索中发展。

4. 教学反思

“比较过氧化氢在不同条件下的分解”是一个重要的分组实验，本实验通过比较过氧化氢在常温、加热、Fe^{3+}催化、过氧化氢酶催化条件下的分解速率，让学生认识到酶能起到催化作用，体会酶的高效性。教材中的实验方案使用新鲜的质量分数为20%的动物肝脏研磨液作为过氧化氢酶的供体，动物肝脏中富含过氧化氢酶，实验现象非常明显。但使用该材料存在几个问题：(1) 动物肝脏的实验成本较高。(2) 很难判断从市场购买的肝脏是否新鲜。若不新鲜，肝脏细胞内的过氧化氢酶等有机物可能会被分解掉，使得过氧化氢酶的含量下降，而且酶的活性在离体后也会慢慢减弱。(3) 肝脏研磨液不易保存，易变质，腥味重。笔者所在学校高一年级班级较多，动物肝脏研磨液需要保存并使用约一周的时间，根据以往的经验，做实验较晚的班级使用的时候实验现象不够明显。所以本次实验我们并没有选择使用动物肝脏研磨液，而改用了酵母菌培养液，酵母菌是高二“实验：培养液中酵母菌种群数量的变化”剩余的活性干酵母。也可以改用其他植物材料来做此实验，如土豆薄片等，取材方便，价格低廉，绿色环保。

加热条件下过氧化氢的分解，考虑到用酒精灯水浴加热费时间且存在诸多安全隐患，所以这次实验我们直接采用 90 ℃热水水浴加热，虽然不够精确，但是不影响实验结果。在试验过程中，试管口并未封住，会导致产生的氧气溢出试管，不能全部留在试管中用于助燃，从而影响实验观察，我们在实验过程中会要求学生用拇指先堵住试管口，后再迅速插入点燃的卫生香。过氧化氢分解后会产生大量含水分的气泡，会影响卫生香的燃烧，从而导致实验误差较大；使用点燃的卫生香观察复燃的过程中还是存在比较大的实验安全隐患。针对以上问题我们还在寻找更好的简便且可行的替代方案。

附实验：

实验：比较过氧化氢在不同条件下的分解

【基础知识】

1. 实验探究一般步骤：提出问题→__________→设计实验（包括选择实验材料、选择实验器具、确定实验步骤、设计实验记录表格）→实施实验→__________→表达与交流。
2. 过氧化氢在高温下容易__________，因此进行温度对酶活性影响实验不能用__________作为反应底物。
3. 探究酶具有高效性设计实验对照时，如果以 H_2O_2 作为反应底物，应当用 H_2O_2酶和__________进行实验对照，而不能用 H_2O_2酶和清水进行实验对照，否则不能表示酶具有高效性。
4. 实验中使用猪肝必须是新鲜的，不能使用煮过的熟猪肝，这是因为____________________。
5. 细胞中每时每刻都进行着许多__________，统称为__________。

【实验原理与方法】

1. 鲜肝提取液中含有__________，过氧化氢酶和 Fe^{3+} 都能催化__________。经计算，质量分数为 3.5%的 $FeCl_3$溶液和质量分数为 20%的肝脏研磨液相比，每滴 $FeCl_3$溶液中的 Fe^{3+}数，大约是每滴肝脏研磨液中过氧化氢酶分子数的 25 万倍。
2. 酶催化的原理是____________________。

【实验操作】

"比较过氧化氢在不同条件下的分解"实验操作流程如表 2.26 所示。

表 2.26 "比较过氧化氢在不同条件下的分解"实验操作流程

步骤	实验操作	提示与问题	自我评价
1	取 4 支洁净的试管,编号 1～4,向各试管内分别加入 2 mL 过氧化氢溶液。		
2	将 2 号试管放在 90 ℃水浴加热,观察气泡冒出情况,并与 1 号试管作比较。	2 号试管的现象说明了__________。	
3	向 3 号试管滴入 2 滴 3.5% $FeCl_3$ 溶液,向 4 号试管加入 2 滴肝脏研磨液,观察并比较气泡产生情况。	3 号与 4 号试管相比,______号试管气泡多,说明了________。	
4	2～3 min 后,用带火星的卫生香伸入试管中,检验卫生香复燃情况。	实验自变量是______,因变量是______。	
5	结论:______________。		
6	整理:清洗试管,整理桌面,完成实验报告。		

【选择性学习与研究】

1. 尝试探究酶具有专一性。
2. 尝试利用猪肝提取过氧化氢酶。
3. 酶在生产和生活中应用广泛,但从生物体提取的酶却不一定适用于生产生活,为什么?

(二) 酶的特性

1. 教材分析与设计思路

本节课为人教版《高中生物学　必修 1　分子与细胞》第 5 章"细胞的能量供应和利用"第 1 节第 2 课时的内容,本节内容包括酶的特性、影响酶活性的因素及酶在生活中的应用。通过本节课的学习可以帮助学生进一步理解酶的本质与特性,以及科学技术如何为人类生活服务。本节课需要落实课程标准中"尝试控制变量,进行实验探究"的要求。

教师根据教材内容为学生提供亲身体验"科学思维"和"科学探究"的机会。本节课以生物学实验为支撑,以科学思维和方法为工具,采用"自主学习"和"合作探究"相结合的途径,通过实验和讨论等学习的方式来获得"酶具有专一性、高效性和作用条件温和"的直接经验,结合"酶的特性"安排合理的探究实践活动,让学生通过设计和实施实验方案,以及在获取事实证据、批判性思考实验结果的过程中，理解“酶的特性”的同时，学习科学实验的方法，训练科学思维。另外，教师还需要注意渗透学习内容与现实生活、社会发展、科技进步的联系，从而促进学生学科素养的发展。

2. 教学目标

（1）掌握酶的特性，能说出酶活性受到环境因素的影响。

（2）通过酶在生活、生产中的应用实例，认同酶在生产实践的应用中有高效、环保、节能的特点。

（3）通过小组进行实验设计与实施，尝试控制自变量，观察和检测因变量，掌握科学探究的思路和方法。

3. 教学过程

“酶的特性”教学实施程序如表 2.27 所示。

表 2.27 “酶的特性”教学实施程序

<table>
<tr><th>教学环节</th><th>教师活动</th><th>学生活动</th><th>设计意图</th></tr>
<tr><td rowspan="2">导入新课</td><td>复习导入：回顾上节课内容。提问：
1. 请说出探究实验“比较过氧化氢在不同条件下的分解”中的自变量和因变量，并列举出几个无关变量。
2. 归纳总结：酶的催化作用与无机催化剂有什么不同？

通过上节课的学习，我们已经知道酶具有高效性。大量的实验数据表明，酶的催化效率是无机催化剂的 $10^7 \sim 10^{13}$ 倍。</td><td>学生思考回答问题。
<table>
<tr><td>序号</td><td>操作</td><td>试管1</td><td>试管2</td><td>试管3</td><td>试管4</td></tr>
<tr><td>1</td><td></td><td></td><td></td><td></td><td></td></tr>
<tr><td>2</td><td></td><td></td><td></td><td></td><td></td></tr>
<tr><td>3</td><td></td><td></td><td></td><td></td><td></td></tr>
<tr><td>4</td><td></td><td></td><td></td><td></td><td></td></tr>
<tr><td colspan="2">现象</td><td></td><td></td><td></td><td></td></tr>
<tr><td colspan="2">组别</td><td></td><td></td><td></td><td></td></tr>
<tr><td colspan="2">自变量</td><td></td><td></td><td></td><td></td></tr>
<tr><td colspan="2">因变量</td><td></td><td></td><td></td><td></td></tr>
<tr><td colspan="2">无关变量</td><td></td><td></td><td></td><td></td></tr>
<tr><td colspan="2">实验结论</td><td></td><td></td><td></td><td></td></tr>
</table></td><td>将回顾知识提前到课前，通过回顾比较过氧化氢在不同条件下的分解实验，结合自主阅读、合作探究、小组交流，初步认识“酶的特性”。</td></tr>
<tr><td>对此我们可以设想一下，假如细胞中过氧化氢酶的催化效率很低会怎样？你在踢球或奔跑时，肌细胞需要大量的能量供应，如果有关的酶催化效率很低，供能的化学反应只能慢悠悠地进行，你还能跑那么快吗？</td><td>说出酶具有高效性的特性，并结合生活实例及老师提出的问题体会酶的高效性对生命活动的重要性。</td><td>结合生活实例，提高学生分析问题和解决问题的能力，激发学生的学习兴趣。</td></tr>
</table>

（续表）

<table>
<tr><th>教学环节</th><th>教师活动</th><th>学生活动</th><th>设计意图</th></tr>
<tr><td rowspan="2">探究酶的专一性</td><td>无机催化剂既能催化蛋白质水解，也能催化脂肪水解，还能催化淀粉水解。所以，无机催化剂催化的化学反应范围比较广。
提问：酶也能催化多种化学反应吗？
【活动 1】给予实验材料：淀粉酶、淀粉溶液、蔗糖酶、蔗糖溶液等。学生自行选择需要的实验材料来设计实验。</td><td>学生思考并讨论如何设计实验进行验证，并小组评析方案的可行性。
小组讨论后分享实验方案，主要有两个方案。
第一个方案：实验分三组，第一组加入淀粉溶液和水，第二组加入淀粉溶液和淀粉酶，第三组加入蔗糖溶液和淀粉酶。
第二个方案：实验分三组，第一组加入淀粉溶液和水，第二组加入淀粉溶液和淀粉酶，第三组加入淀粉溶液和蔗糖酶。</td><td rowspan="2">通过小组进行实验设计与实施，尝试控制自变量，观察和检测因变量，掌握科学探究的思路和方法。</td></tr>
<tr><td>提问：怎么判断淀粉是否发生分解了呢？
你预测会出现什么样的实验现象呢？
事实是否真的如我们猜想的这样呢？
播放《淀粉酶对淀粉和蔗糖的水解作用》实验视频。</td><td>学生思考并回答：可以使用碘液或者斐林试剂来检测。以第二个实验方案为例说明实验现象：
用碘液来检测，第一组呈蓝色，第二组呈碘液的颜色，第三组呈蓝色。
用斐林试剂检测，第一组不出现砖红色沉淀，第二组出现砖红色沉淀，第三组不出现砖红色沉淀。</td></tr>
<tr><td>探究酸碱度对酶活性的影响</td><td>无机催化剂可以在强酸和强碱条件下催化化学反应，酸碱度是否会影响酶的催化效率？

【活动 2】思考讨论怎么设计实验来探究 pH 对酶活性的影响？
实验材料：酵母菌溶液、新配制的体积分数为 3% 的过氧化氢溶液、蒸馏水、稀盐酸、NaOH 溶液及其他需要的实验材料。
学生代表评析并补充完善实验方案。

指导学生阅读课本相关内容，归纳总结酸碱度对酶活性的影响。</td><td>学生讨论并完善实验方案后，各小组利用已给的实验材料完成实验，并交流实验现象，分析实验结果，得出实验结论。<table>
<tr><th>1 号试管</th><th>2 号试管</th><th>3 号试管</th></tr>
<tr><td>2 mL 3% 过氧化氢溶液</td><td>2 mL 3% 过氧化氢溶液</td><td>2 mL 3% 过氧化氢溶液</td></tr>
<tr><td>3 滴稀盐酸</td><td>3 滴蒸馏水</td><td>3 滴 NaOH 溶液</td></tr>
<tr><td>气泡较少</td><td>气泡较少</td><td>气泡较少</td></tr>
</table></td><td>进一步提高学生实验设计的能力，同时提高学生的沟通交流能力和语言表达能力。</td></tr>
</table>

（续表）

<table>
<tr><th>教学环节</th><th>教师活动</th><th>学生活动</th><th>设计意图</th></tr>
<tr><td>探究温度对酶活性的影响</td><td>【活动 3】用图片展示加酶洗衣粉包装上的使用说明。
提问：
1. 加酶洗衣粉中加了哪些酶，分别有什么作用?
2. 为什么使用温水的洗涤效果最佳?
3. 怎么设计实验来探究温度对酶活性的影响?

确定实验方案后，学生利用提供的材料和用具(淀粉溶液、淀粉酶、冰水、90 ℃热水等)完成实验。

指导学生阅读课本相关内容，归纳总结温度对酶活性的影响。</td><td>1. 学生思考并回答。
2. 学生作出猜想，温水条件下酶的催化效果最好，酶活性最高。
3. 思考、讨论实验方案。修正实验方案：温度会影响过氧化氢的分解，所以底物不能使用过氧化氢溶液，最后选择使用淀粉和淀粉酶来做这个实验。鉴定不能使用斐林试剂，只用淀粉来鉴定。
4. 学生利用提供的材料进行实验。
<table>
<tr><td>1号试管</td><td>2号试管</td><td>3号试管</td></tr>
<tr><td colspan="3">4 mL 淀粉溶液</td></tr>
<tr><td>冰水浴
2 min</td><td>温水浴
2 min</td><td>90 ℃水浴加热
2 min</td></tr>
<tr><td colspan="3">淀粉酶溶液 2 mL</td></tr>
<tr><td colspan="3">相应温度的淀粉酶溶液加入淀粉溶液中，反应 4 min</td></tr>
<tr><td colspan="3">分别加入适当碘液</td></tr>
<tr><td>蓝色</td><td>浅棕色</td><td>蓝色</td></tr>
</table>
5. 根据实验现象，分析得出实验结论。</td><td>小组合作探究、交流讨论，培养学生科学探究能力和阅读理解能力，提升学生合作学习的意识和能力。</td></tr>
<tr><td>总结归纳酶的特性，形成对核心知识“酶的特性”的理解</td><td>【活动 4】
1. 展示资料：教师讲解蛋白质的结构和酶作用原理。
2. 布置作业：拓展题中的第 1 题。
3. 展示资料：引导学生根据温度和 pH 变化与酶活性的关系曲线图，用语言描述温度和 pH 变化与酶活性的关系。
4. 引导学生进行课堂小结。</td><td>1. 聆听教师讲解，思考所学，完成作业。

2. 学生描述：在最适宜的温度和 pH 下，酶的活性最高；温度和 pH 偏高或偏低，酶的活性都会明显降低。</td><td>1. 从结构与功能相适应的角度，构建“酶作用的模型”。

2. 训练学生的语言表达能力，强化学生从整体上达成对“酶的特性”认知与理解。</td></tr>
</table>

4. 教学反思

本案例以"酶的特性"为知识核心，以"探究影响酶活性的条件"的实验设计为情境，以小组合作形式进行学习，在课堂教学过程中采用分析、归纳、交流、合作等形式，让学生在理解"酶的特性"的同时，获得科学思维和方法的训练。但在实际实施时，还是有部分同学对于实验设计和鉴定试剂的选取会有疑惑，后期可以通过相关练习进行加强。总体上看，学生的学习热情高涨，尤其是动手操作实验时非常积极、活跃，学生参与度很高，也在此过程中得到了锻炼。

附实验：

实验：探究影响酶活性的条件

【基础知识】

1. 酶是________________________，其中绝大多数是________________，少数是______________。
2. 酶的基本组成单位是____________。
3. 酶具有：____________性、____________性。
4. 画出酶活性受温度、pH 影响的示意图：

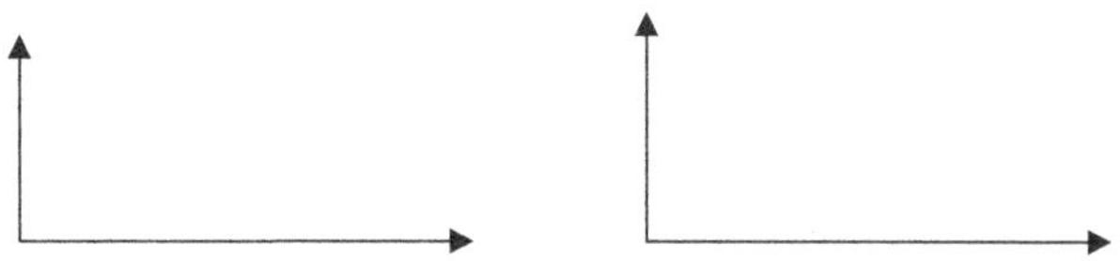

【实验原理与方法】

在不同温度下，淀粉酶________不同。淀粉在淀粉酶催化作用下逐步分解，经历淀粉→中间产物→麦芽糖阶段（含少量葡萄糖），相应阶段遇碘呈现蓝色→________→________（碘液本身的颜色）。可以根据棕黄色的出现确定淀粉完全分解成麦芽糖所用的时间 t，以 $1/t$ 反映不同温度下淀粉酶的活性。

【实验操作】

1. 实验装置（见图）：

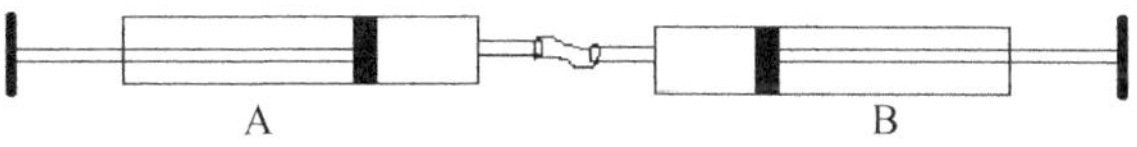

2. 探究 pH 对酶活性的影响：

"探究影响酶活性的条件"实验操作流程如表 2.28 所示。

表 2.28 “探究影响酶活性的条件”实验操作流程

步骤	实验操作	提示与问题	自我评价
1	取2支洁净注射器，拉出A注射器的活塞，用镊子将已用肝脏研磨液浸泡过的滤纸片贴在活塞的顶部，然后将活塞塞入注射器针筒中，使带有滤纸片的活塞与针筒底部密合。	(1)滤纸片的作用是________________。 (2) 有滤纸片的活塞与针筒底部密合的原因是________________。	
2	用A注射器吸取1 mL pH为4.0的溶液。	缓冲溶液的作用是________________。	
3	用B注射器吸取1 mL 3 %过氧化氢溶液；用胶管连接两个注射器。	胶管长度应____________。	
4	推动B注射器，使 H_2O_2 迅速进入A注射器中后放平装置；观察注射器中活塞的变化，2 min时记录2个注射器活塞移动的空间大小之和。	实验中可能出现影响实验结果的因素有____________。	
5	反复冲洗装置后，重复上述实验过程，测量pH在5.0、6.0、7.0、8.0、9.0时过氧化氢酶的催化作用下释放的气体量并列表记录。	每次实验后反复冲洗是因为____________。	
整理	清洗注射器，整理实验桌面。		
结论	____。		

【选择性学习与研究】

1. 探究能否将斐林试剂用于温度对酶活性影响的实验。
2. 尝试探究加酶洗衣粉在不同pH下的洗涤效果。

二、细胞的能量“货币”ATP

1. 教材分析与设计思路

本节是人教版《高中生物学　必修1　分子与细胞》中第5章“细胞的能量供应和利用”第2节，本节主要介绍ATP的分子组成和结构特点、ATP和ADP的相互转化以及ATP在细胞生命活动中的作用三个方面的内容。该节内容在“细胞的能量供应和利用”一章中的承接作用相当明显，学习好本节内容，有助于为学生后面学习细胞呼吸、光合作用等知识做好铺垫。所以尽管这些内容篇幅不大却非常重要，学生可以进一步理解只有在能量的供应下，细胞膜才能行使主动运输的功能；并且加深理解叶绿体和线粒体分别被比喻为植物细胞的“能量转换站”和所有细胞的“动力车间”的含义；便于加深领会活细胞之所以能够经历生长、增殖等生命历程与能量的供应和利用是分不开的。

本节课主要采用探究式学习方法，教师利用课件提供资料，学生小组之间互相讨论，并在教师的指导下，通过合作学习的方法，对本节课内容进行理解。因为最大的教学难点是对 ATP 作为“能量通用货币”的含义的理解，所以以复习旧知及药品说明书为导入，并通过实验来直接验证是什么物质能够为肌肉收缩直接提供能量，从而使学生直观感知到 ATP 是生命活动的直接能源物质。让学生有个基本正确的思路，然后从结构决定功能开始，进入 ATP 分子结构的介绍，了解了 ATP 与 ADP 可以相互转化以后，从两个问题入手：(1) ATP 水解成 ADP 释放的能量去哪儿了？(2) ADP 合成 ATP 过程中需要的能量哪里来？通过讲解 ATP 水解成 ADP 释放的能量直接用于各种需能的生命活动，ADP 合成 ATP 过程中需要的能量主要来自能源物质的氧化分解放能，使学生了解 ATP 与 ADP 在需能反应和放能反应中转化，以帮助学生理解为何 ATP 才能为细胞直接供能，以及为何把 ATP 比喻为能量的“货币”。

2. 教学目标

(1) 依据 ATP 的分子简式说出 ATP 的化学组成和特点。

(2) 依据 ATP 与 ADP 的相互转化解释 ATP 在生命活动中的作用。

3. 教学过程

“细胞的能量‘货币’——ATP”教学实施程序如表 2.29 所示。

表 2.29 “细胞的能量‘货币’——ATP”教学实施程序

教学环节	教师活动	学生活动	设计意图
新课导入	1. 提问：说出常见的能源物质，其中主要能源物质是什么？储能物质是什么？	1. 学生思考并回答问题。	吸引学生注意力，激发学习兴趣。
	2. 用图片展示 ATP 片剂和注射液及其说明书，讲述 ATP 药物的作用，引导直接能源物质的探究。	2. 阅读说明书，了解 ATP 也是能源物质。	
	3. 设疑：细胞中的生命活动需要能量，到底是哪种物质为生命活动直接供能呢？		

（续表）

教学环节	教师活动	学生活动	设计意图
在情境中感知 ATP 的作用，并设计实验“探究细胞内直接能源物质”	【活动 1】引导学生利用已有的材料设计实验来探究细胞生命活动的直接能源物质是葡萄糖还是 ATP。 1. 实验材料：刚剥离好的蛙的腓肠肌，0.65 g/dL 的氯化钠溶液，铜锌叉，1.2 g/dL 的葡萄糖溶液，ATP 溶液等。 2. 老师课前准备好剥离的蛙的腓肠肌，浸泡在盛有 0.65 g/dL 的氯化钠溶液的培养皿中。	以小组为单位讨论并设计实验方案：说出对照组、实验组、自变量、因变量、无关变量。 学生操作实验： 1. 将剥离好的蛙的腓肠肌放在滴加了 0.65 g/dL 的氯化钠溶液的载玻片上，并让肌肉呈直线状，测量并记录肌肉的长度。 2. 用铜锌叉间歇刺激肌肉，直到肌肉疲劳不能收缩为止。 3. 向刚丧失收缩功能的这块离体肌肉上滴加浓度为 1.2 g/dL 的葡萄糖溶液，用铜锌叉刺激肌肉，测量并记录其长度。 4. 用吸水纸吸去离体肌肉上的葡萄糖溶液，然后再滴加等量的 ATP 溶液，用铜锌叉刺激标本，测量并记录其长度。 5. 整理：清洗实验器材，整理桌面，完成实验报告。 观察并记录实验现象：滴加葡萄糖溶液后，刺激肌肉，肌肉长度不变；滴加 ATP 溶液后，刺激肌肉，肌肉长度变短。 分析实验现象，思考得出实验结果：ATP 是细胞内直接的能源物质。	拓展探究，提高学生的科学探究能力。使学生认识 ATP 是直接能源物质。
了解 ATP 的分子结构，认识 ATP 是一种高能磷酸化合物	【活动 2】指导学生阅读课本，以小组为单位构建 ATP 分子的物理模型。 1. 老师提供腺嘌呤、核糖、磷酸基团结构的图片，利用所给图片材料，组织学生构建 ATP 分子的结构模型，并请各小组展示。	1. 观察 ATP 分子结构图，利用图片材料，每 4 人为一组，分组构建 ATP 分子的结构模型。 2. 小组代表上台展示模型，其他组评价修正。	学生通过构建模型，加深对ATP 分子结构的理解，激发学习积极性。

(续表)

教学环节	教师活动	学生活动	设计意图
	2. 分析 ATP 的分子结构，讲述：腺苷、磷酸基团、普通磷酸键、特殊化学键（数目及位置）。 3. 指导学生阅读教材第 86 页中间自然段。 【讲解】ATP 的结构特点：由于相邻磷酸基团都带负电荷而相互排斥等原因，将 3 个同带负电荷的磷酸基团压缩在一起，必须消耗能量才能克服磷酸基团之间的斥力。ATP 就像汽车减震弹簧，收缩时蕴藏大量能量，弹出时能量放出。所以说 ATP 是一种高能磷酸化合物。 【过渡】ATP 作为直接能源物质，是怎么为生命活动供能的？	学生理解 AMP、ADP、ATP 之间的关系。 AMP：腺苷一磷酸（腺嘌呤核糖核苷酸） ADP：腺苷二磷酸 ATP：腺苷三磷酸 思考以下问题： 1. 构成 ATP 的化学元素有哪些？ 2. ATP 结构简式中的 A、T、P 分别代表什么？如何区分腺嘌呤和腺苷？ 学生思考并分析 ATP 是一种高能化合物的原因。	
以主动运输为例理解 ATP 供能的原理；认识“ATP 与 ADP 可以相互转化”	【活动 3】以小组为单位，利用构建的 ATP、ADP 结构模型，尝试写出 ATP 水解的化学方程式，指导学生交流。ATP 在酶的作用下水解时，使远离“A”的“～”易断。脱离下来的末端磷酸基团挟能量与其他分子结合，从而使后者发生变化。指导学生分析课本图（第 88 页图 5-7），帮助学生理解主动运输过程。 引导学生思考 ATP 水解释放的能量可用于哪些生命活动。	阅读、思考作答。 读课本第 88 页图 5-7，理解主动运输过程，从而进一步理解 ATP 作用原理。 学生思考后回答。 进一步思考得出 ATP 在分解的同时，还在源源不断地产生。	通过主动运输图示展示 ATP 是怎么为生命活动供能的，培养学生的识图能力。

（续表）

教学环节	教师活动	学生活动	设计意图
	【提供资料 1】成人体内 ATP 的总量 2～10 mg，安静状态下一天需要消耗的 ATP 为 40 kg，活动状态下 ATP 的消耗可达 0.5 kg/min，安静状态时，肌肉内 ATP 所释放的能量只能维持肌肉收缩 1～2 s。 引导学生思考： 1. ATP 在细胞内的含量高吗？ 2. 生物体如何补充生命活动所需要的大量 ATP 呢？ 引出 ATP 与 ADP 可以相互转化。 【讲解】ATP 在细胞中含量很少，生成速度极快。 多媒体展示 ATP 与 ADP 相互转化的图解。 引导学生思考：1. ATP 水解释放的能量有什么用途？合成 ATP 的能量来自哪里？ 2. ATP 与 ADP 相互转化这两个反应是可逆反应吗？ 【提供资料 2】合成 ATP 的能量来源，分析反应式，总结转化特点。 【讲解】放能反应与 ATP 的合成相联系，吸能反应与 ATP 水解反应相联系。 1. ATP 与 ADP 在吸能反应与放能反应中转化的供能机制，在所有生物细胞内都是一样的，这体现了生物界的统一性。 2. 能量通过 ATP 分子在吸能反应与放能反应中流通，所以把 ATP 比喻为细胞的能量“货币”。 3. 思考：葡萄糖中的能量如何转换成 ATP 中的能量呢？	分析资料，理解合成 ATP 的能量来源。 理解“物质可逆，能量不可逆”。 根据 ATP 与 ADP 的转化反应式，认识转化特点。 学生思考回答。	熟练掌握 ATP 与 ADP 的相互转化过程，理解 ATP 作为直接能源物质的能量代谢过程，ATP 是细胞内的能量“货币”。
总结	课堂小结：师生共同总结完成。	学生思考回答。	

4. 教学反思

本节的教学努力为学生营造自主学习、亲身体验、合作探究的学习氛围，引导学生通过实验主动发现、探索问题、得出结论。逐步培养学生获取新知识的能力、分析和解决问题的能力以及交流与合作的能力。其中利用复习设疑和药品说明书导入新课激发了学生的学习兴趣，同时贴近生活，增加学生热爱生活的生命情感。学生实验的设计让学生通过实验主动发现、探索问题进而得出结论，激发学生参与积极性的同时，训练学生提出问题、分析问题和解决问题的能力，让学生更加热爱生物学科的学习，养成尊重事实、实事求是的科学态度以及热爱生命的生命观念。

附实验：

实验：验证 ATP 是细胞能量的直接来源

【基础知识】

1. 细胞生命活动所需要的主要能源物质是____________，直接能源物质是____________。
2. ATP 的结构简式________，其中“A”表示________，“P”表示________，ATP 中含有________个特殊化学键。ATP 与 ADP 可相互转化，反应式：________________________。
3. ATP 分子特殊化学键中的能量主要来源于________________________，可用于________________________。

【实验原理与方法】

ATP 能使刚丧失收缩功能的新鲜骨骼肌产生收缩现象，而糖类等物质不能。

【实验操作】

“验证 ATP 是细胞能量的直接来源”实验操作流程如表 2.30 所示。

表 2.30 “验证 ATP 是细胞能量的直接来源”实验操作流程

步骤	实验操作	提示与问题	自我评价
1	准备： (1) 剥离蛙的腓肠肌，并将它放在盛有 0.65 g/dL 的氯化钠溶液的培养皿中。 (2) 在载玻片的中央滴 2 滴氯化钠溶液，用玻璃分针挑取上述肌肉，放在载玻片上的氯化钠溶液中，并使肌肉呈直线状。 (3) 将载玻片放在坐标纸上，测量并记录肌肉的长度。	(1) 剥离的蛙腓肠肌必须放在氯化钠溶液中是为了防止__________。 (2) 这一步测出的腓肠肌长度可称为__________。	

（续表）

步骤	实验操作	提示与问题	自我评价
2	操作： (1) 用铜锌叉间歇刺激肌肉，直到肌肉疲劳不能收缩为止。 (2) 向刚刚丧失收缩功能的这块离体肌肉上滴加浓度为 1.2 g/dL 的葡萄糖溶液，用铜锌叉刺激肌肉，测量并记录其长度。 (3) 用吸水纸吸去离体肌肉上的葡萄糖溶液，然后再滴加等量的 ATP 溶液，用铜锌叉刺激标本，测量并记录其长度。	(1) 此步操作的目的是________。 (2) 在实验过程中，若先滴加了 ATP 溶液，再滴加葡萄糖溶液，会影响实验结果吗？ ________。 (3) 本实验中的对照组是： ________。	
3	整理：清洗实验器材，整理实验桌面，完成实验报告。		
结果	滴加葡萄糖溶液后，刺激肌肉，现象： ________； 滴加 ATP 溶液后，刺激肌肉，现象： ________。	你的实验结论是：________ ________。	

【选择性学习与研究】

1. ATP 如此神奇，人们能大量口服吗？尝试网上搜索大量口服 ATP 可能引起的并发症有哪些。
2. 尝试利用荧光素—荧光素酶生物发光法，测定人参愈伤组织中 ATP 的含量，研究人参细胞能量代谢的特点。

三、细胞呼吸的原理和应用

1. *教材分析与设计思路*

本节课是人教版《高中生物学　必修 1　分子与细胞》第 5 章“细胞的能量供应和利用”第 3 节，共 2 个课时。细胞呼吸是细胞内重要的代谢活动，它是发生在细胞内的极其微观的一系列化学反应过程，很难通过非常直观的形式让学生感知，是教学上的难点。通过对酵母菌细胞呼吸方式的探究让学生理解有氧和无氧条件下的细胞呼吸以及对应的产物，并从中获得直接经验，不仅可以发展探究能力，而且可以为学生学习“细胞呼吸的过程”作好铺垫。对于生物体的呼吸作用，学生并不陌生，通过初中阶段的学习，学生已经知道呼吸作用的本质是细胞内的有机物通过氧化分解释放能量，并且通过高中生物的学习，学生已具备了细胞能源物质和直接能源物质等生物学知识。但是，有机物是怎样氧化分解并释放能量的具体过程是从更深的理论层次来探讨生命的本质内容，具有较深的抽象性，而且牵涉到许多化学知识，因此对学生而言，本节的学习有一定难度。但是，有关细胞呼吸这一知识在现实生活中的应用较广，如酵母菌酿酒，苹果储存久了有酒香，人剧烈运动会感到肌肉酸痛等。因此，通过现实事例构建细胞呼吸及有氧呼吸和无氧呼吸的概念，学生的学习积极性、主动性应该是比较高的。

本节课的教学设计贯穿着物质与能量观，从生活中常见的实例“馒头的制作过程”引入新课，让学生直观地感受到细胞呼吸的存在。通过探究实验酵母菌细胞呼吸的方式，让学生直观地认识到有氧呼吸和无氧呼吸的条件和产物，为有氧呼吸和无氧呼吸的学习打下基础。通过资料分析，让学生自主构建细胞呼吸的过程、场所、物质变化与能量转化，通过讲解细胞呼吸逐步释放能量以及产生多种代谢产物，让学生从物质和能量的角度更好地理解细胞呼吸的过程与意义。此外，细胞呼吸与学生的日常生活联系紧密，通过现象分析、迁移应用，探讨细胞呼吸原理，指导生产生活实际，培养学习兴趣、科学思维以及社会责任感。

2. 教学目标

(1) 通过探究酵母菌的细胞呼吸方式，说出细胞呼吸的类型。

(2) 描述线粒体适于进行有氧呼吸的结构，说明有氧呼吸过程中物质与能量的变化。

(3) 比较有氧呼吸与无氧呼吸的异同，阐明细胞呼吸的实质。

(4) 探讨细胞呼吸原理在生产和生活中的应用。

3. 教学过程

“细胞呼吸的原理和应用”教学实施程序如表 2.31 所示。

表 2.31 “细胞呼吸的原理和应用”教学实施程序

教学环节	教师活动	学生活动	设计意图
新课导入	【视频展示】馒头的制作过程。 【提问】 1. 发好的面有什么特点？ 2. 酵母菌是一种什么样的生物？ 3. 酵母菌的呼吸方式是什么？	学生观看视频后思考并回答问题，在老师引导下进入新课题。	以实例导入，激发学生的学习兴趣，引发思考。

（续表）

教学环节	教师活动	学生活动	设计意图
实验：探究酵母菌细胞呼吸的方式	【讲解】细胞呼吸定义：是指有机物在细胞内经过一系列的氧化分解，生成二氧化碳或其他产物，释放出能量并生成ATP的过程。 【过渡】哪种细胞呼吸方式会产生二氧化碳？哪种细胞呼吸方式会产生酒精？ 要想解开这个谜题，我们就要通过实验来寻找答案。 【活动1】实验：探究酵母菌细胞呼吸的方式 探究的基本步骤一般包括：提出问题—作出假设—设计实验—进行实验—得出结果—推知结论。 引导学生提出问题、作出假设，并设计实验进行探究。 在实验设计环节引导学生思考： 1. 怎样保证酵母菌在整个实验过程中能正常生活？ 2. 怎样控制有氧和无氧的条件？ 3. 怎样鉴定有无酒精产生？ 4. 怎样鉴定有无CO_2产生？ 5. 如何比较CO_2产生的多少？ 注意提醒学生：葡萄糖也能与酸性重铬酸钾反应发生颜色变化。 由于该实验用时较长，无法在课上完成，故老师在课前进行实验，并录制视频用于课上播放。 引导学生观察实验现象，并分析得出实验结论。	学生思考讨论提出问题、作出假设。 1. 提出问题：酵母菌在不同条件下呼吸的产物是什么？释放的二氧化碳一样多吗？ 2. 作出假设：酵母菌在有氧和无氧条件下都进行细胞呼吸，在有氧条件下产生较多的CO_2，在无氧条件下产生酒精和较少的CO_2。 学生交流讨论老师的问题，并设计实验方案。 (1) 有氧条件的控制：向盛有酵母细胞和葡萄糖溶液的锥形瓶中不断通入空气。 (2) 无氧条件的控制：密封盛有酵母菌和葡萄糖的锥形瓶。 (3) 酒精的检测：橙色的重铬酸钾在酸性条件下与酒精发生化学反应，变成灰绿色。 (4) CO_2的检测：CO_2能使澄清的石灰水变浑浊；CO_2能使溴麝香草酚蓝溶液由蓝变绿再变黄；CO_2产生量的多少可根据石灰水的混浊程度或溴麝香草酚蓝水溶液变成黄色的时间长短来确定。 3. 学生观看老师录制的实验过程视频，观察实验现象： (1) 有氧呼吸实验组：澄清石灰水变浑浊程度更高。 (2) 无氧呼吸实验组：澄清石灰水变浑浊程度相对低，加入酸性重铬酸钾由橙色变成灰绿色。 分析实验现象，得出实验结论： (1) 酵母菌有氧和无氧条件下都进行细胞呼吸。 (2) 有氧条件下，酵母菌通过细胞呼吸产生大量的CO_2。 (3) 无氧条件下，酵母菌通过细胞呼吸产生酒精和少量CO_2。	引导学生学会分析变量、控制变量、设计对比实验，培养学生实验的探究能力、动手操作能力和观察能力。培养学生的逻辑思维能力，观察分析能力和语言表达能力，养成实事求是的科学态度和积极探索的科学精神，形成正确的科学观和世界观。

（续表）

<table>
<tr><th>教学环节</th><th>教师活动</th><th>学生活动</th><th>设计意图</th></tr>
<tr>
<td>有氧呼吸的过程</td>
<td>【活动2】引导学生阅读教材相关内容，并思考以下问题：
1. 有氧呼吸的场所是什么？主要场所是什么？
2. 主要场所适于进行有氧呼吸的特点有哪些？
3. 有氧呼吸可以分为几个阶段？每个阶段分别在哪里、发生了什么变化？（请用方程式的方式表示）
4. 总结有氧呼吸的总反应式。
5. 总结归纳什么是有氧呼吸，给有氧呼吸下定义。
带领学生复习线粒体的结构，并引导学生，总结有氧呼吸的过程。

【活动3】引导学生利用磁力片和细胞结构图构建有氧呼吸过程图解。

【活动4】引导学生阅读课本第93页“思考・讨论”内容，并思考提出的两个问题。</td>
<td>学生阅读课本，找出问题答案。并回顾线粒体结构，找出线粒体有哪些结构与呼吸作用相适应。学生总结有氧呼吸的过程。以葡萄糖为例讲述呼吸作用过程。其他有机物也可以通过呼吸作用氧化分解，分析出三个阶段对应的场所及反应式。
<table>
<tr><th></th><th>第1阶段</th><th>第2阶段</th><th>第3阶段</th></tr>
<tr><td>场所</td><td>细胞质基质</td><td>线粒体基质</td><td>线粒体内膜</td></tr>
<tr><td>条件</td><td>酶</td><td>酶</td><td>O_2、酶</td></tr>
<tr><td>反应物</td><td>$C_6H_{12}O_6$</td><td>丙酮酸、H_2O</td><td>[H]、O_2</td></tr>
<tr><td>产物</td><td>丙酮酸、[H]</td><td>CO_2、[H]</td><td>H_2O</td></tr>
<tr><td>释放能量</td><td>少</td><td>少</td><td>多</td></tr>
<tr><td>合成ATP</td><td>少</td><td>少</td><td>多</td></tr>
</table>
学生利用老师提供的材料，构建有氧呼吸过程图解。
并完成有氧呼吸的总反应式。

学生计算结果，思考并回答问题，理解呼吸过程中释放的能量，只有很少的一部分储存在ATP中，其余大部分都以热的形式散失了。</td>
<td>调动学生的记忆，迅速进入主题。培养学生分析与推理的能力，导出有氧呼吸三个阶段的场所、物质变化、能量转化，自主构建有氧呼吸的总反应式，体会结构与功能相适应。</td>
</tr>
<tr>
<td>无氧呼吸的过程</td>
<td>【活动5】指导学生阅读课本无氧呼吸相关内容，找出无氧呼吸的场所及各阶段物质的变化，并尝试构建无氧呼吸的概念。
【播放视频】用酸奶机制作酸奶和米酒。
【设疑】酸奶发酵时，牛奶要加满，排气孔要封闭；而米酒发酵时，米中间要挖一个窝，排气孔要打开。试分析这是为什么呢？</td>
<td>学生阅读课本内容并归纳总结。
学生思考并回答问题。
<table>
<tr><th></th><th>第1阶段</th><th>第2阶段</th></tr>
<tr><td>场所</td><td>细胞质基质</td><td>细胞质基质</td></tr>
<tr><td>反应物</td><td>葡萄糖</td><td>丙酮酸、[H]</td></tr>
<tr><td>产物</td><td>丙酮酸、[H]</td><td>乳酸或酒精和CO_2</td></tr>
<tr><td>释放能量</td><td>少</td><td>无</td></tr>
<tr><td>合成ATP</td><td>少</td><td>无</td></tr>
</table></td>
<td>自主阅读获得概念，运用所学知识解释现象，加深对无氧呼吸过程的理解。</td>
</tr>
</table>

（续表）

教学环节	教师活动	学生活动	设计意图
细胞呼吸的影响因素及原理的应用	【活动 6】展示课本第 95—96 页“思考·讨论”中各个应用实例，引导学生说出其中的原理；并总结影响细胞呼吸的因素有哪些。	学生思考并回答各个应用实例中运用的细胞呼吸的原理，总结出影响细胞呼吸的因素主要有：温度、氧气浓度、二氧化碳浓度、水含量等。 (1) 用透气纱布或“创可贴”包扎伤口：增加通气量，抑制破伤风杆菌的无氧呼吸。 (2) 酿酒时早期通气：促进酵母菌的有氧呼吸，利于菌种繁殖；后期密封：促进酵母菌的无氧呼吸，利于产生酒精。 (3) 中耕松土：促进作物根细胞呼吸作用，有利于主动运输，为矿质元素吸收提供能量。 (4) 通过降低温度，从而降低酶的活性使细胞呼吸速率下降；通过降低 O_2 含量，从而降低有氧呼吸速率，并且无氧呼吸受到抑制，减少细胞内有机物的消耗。 (5) 提倡慢跑：促进肌细胞有氧呼吸，防止无氧呼吸产生乳酸，使肌肉酸胀。	通过了解细胞呼吸原理的应用，培养学生解决生产生活问题的思维习惯和能力，培养学生社会责任感。
课堂小结	师生共同总结	师生共同总结	

4. 教学反思

本节课以概念构建和提升学生生物学学科素养为目标，营造了探究和合作的氛围，整个教学过程中始终贯穿物质与能量变化的生命观念。在教学实施过程中，引导学生通过控制变量法设计对比实验探究酵母菌细胞呼吸的方式，提高学生的实验能力。但是这个实验耗时较长，没有办法在课堂上让学生亲身参与，所以把课前录制实验过程的视频放在课堂上展示，虽然大大节省了时间，但是还是没有学生亲身经历感受深。我们也一直在积极尝试和探索新的实验方案，以期解决这一问题。在教学过程中，充分利用教材资源，引导学生自主阅读教材内容，并进行归纳整理，概括出有氧呼吸和无氧呼吸的过程，并在真实的情境中运用知识解决问题，扩大了学生的学习视野，促进学生社会责任的养成。学生通过自主、合作探究性学习，不仅获取了相关的知识，更由此感受到探究学习、合作学习的乐趣。整堂课学生的参与度高，学习兴趣浓，较好地完成了教学目标。

附实验：

实验：探究酵母细胞呼吸的方式

【基础知识】

1. ________细胞都要进行细胞呼吸。细胞通过细胞呼吸获得生命活动所需的________和________。细胞呼吸分成两种类型，即________和________。
2. 有氧呼吸的反应式：____，
   无氧呼吸的反应式：____。
3. 酵母菌是一种____________菌，在有氧和无氧条件下都能生存，代谢类型是____________。
4. 检测酵母菌细胞呼吸产物方法可用____________检测 CO_2，用____________检测酒精。

【实验原理与方法】

1. 在有氧条件下，酵母菌进行呼吸，可以将葡萄糖氧化分解形成____________和____________，并释放____________。在无氧条件下，酵母菌进行无氧呼吸，能将葡萄糖转变成____________。
2. CO_2 可使澄清的____________变浑浊。根据其浑浊程度可以检测酵母菌培养液中____________的产生情况。
3. 酵母菌无氧呼吸产生的酒精，在酸性条件下很容易与____________反应生成____________色的硫酸铬。稀的重铬酸钾溶液为____________色。

【实验操作】

"探究酵母细胞呼吸的方式"实验操作流程如表2.32所示。

表 2.32 "探究酵母细胞呼吸的方式"实验操作流程

步骤	实验操作	提示与问题	自我评价
1	配制：取6 g干酵母，分成两等份，分别放入两个编好号的锥形瓶中，再分别向瓶中注入240 mL质量分数为5%的葡萄糖溶液。	(1) 酵母菌是一种单细胞真菌属异养生物，培养液中必须含有____________。 (2) 本实验的自变量是____________，因变量是____________，设置几个实验组？____________ (3) 怎样控制有氧和无氧的条件？____________。	

（续表）

步骤	实验操作	提示与问题	自我评价
2	操作： (1) 将锥形瓶和其他材料用具按图示甲、乙连接好装置。 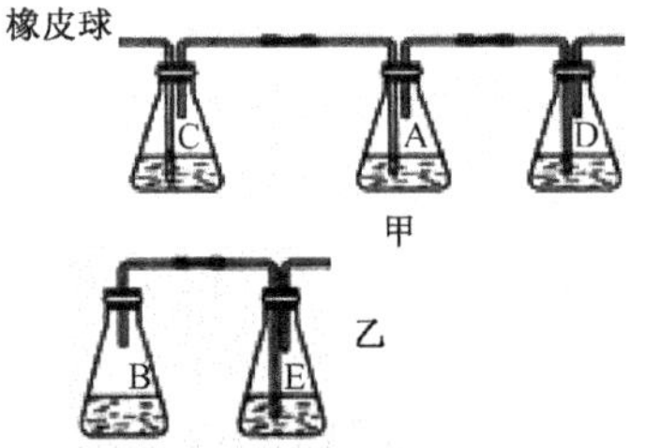 (2) 让空气间歇性地依次通过甲装置的3个锥形瓶。然后将实验装置放到25～35 ℃的环境中培养若干时间。	(1) 为何在A瓶前要连接C瓶？______。 (2) A、B瓶与D、E瓶的连接在实验开始前还是一段时间后？为什么？ ______， ______。	
3	检测： (1) 检测CO_2的生成 一段时间后，观察、比较单位时间内澄清的石灰水变浑浊的程度； 也可以根据溴麝香草酚蓝水溶液变成黄色的时间长短来判断酵母菌培养液中CO_2的产生情况。 (2) 检测酒精的生成 取两支洁净的试管，编号1、2，分别从______、______两瓶中各取出2 mL酵母菌培养液，再向两试管中滴加0.5 mL______溶液并轻轻振荡，混合均匀，观察试管中溶液颜色的变化。	(1)相同时间内，______锥形瓶中澄清石灰水浑浊度更大。 (2) 溴麝香草酚蓝水溶液的颜色变化是由______变______再变______。 (3) 1号试管的溶液（即锥形瓶A的）颜色略有变化，即______。 2号试管的溶液（即锥形瓶B的）由橙色变为灰绿色。	
4	整理：清洗实验器材，整理实验桌面，完成实验报告。		
结果	D瓶中______， E瓶中______， 取自A瓶的酵母菌培养液______， 取自B瓶的培养液变成______色。	你的实验结论是：______ ______。	

【选择性学习与研究】

1. 尝试在家里学做馒头、酒酿或酸奶，探究制作酒酿和酸奶的最佳条件，并解释为何需要这样的条件。
2. 尝试用 $Ba(OH)_2$ 溶液检测 CO_2、用“密度计法”检测酒精，观察并与课本实验比较效果。
3. 有人认为该实验装置中酒精和 CO_2 的产生是葡萄糖水溶液的纯化学反应，与酵母菌无关。你如何驳斥这种错误观点？

四、光合作用与能量转化

1. 教材分析与设计思路

本节课是人教版《高中生物学　必修 1　分子与细胞》第 5 章“细胞的能量供应和利用”第 4 节，共两个课时完成本节内容的教学。本节以“能量之源——光合作用”为主题，追溯到细胞能量的源头，追寻生物圈欣欣向荣的能量源泉。光合作用是植物体最基本的新陈代谢，是生物界物质和能量的基本来源。光合作用知识的掌握为生态系统结构和功能的学习奠定基础，当今人类社会面临的粮食、资源、环境等问题与光合作用有着密切联系，所以光合作用知识在全书教材中占有重要地位，是整个高中阶段的重点。教材首先通过绿叶中色素的提取和分离实验，明确了色素的种类、含量以及吸收的光谱。然后沿着光合作用的发现历程，对光合作用的光反应和暗反应这两个阶段从物质变化和能量转化的高度作深入的探讨和研究，引导学生从物质和能量转变的角度去理解光合作用的实质，同时通过对教材中科学家关于光合作用探究过程的经典实验的学习和分析，使学生体会经典实验所蕴含的科学探究的一般方法，初步建立科学探究的能力。

高中生物重在培养学生的科学思维、科学方法、科学精神等生物科学素养，使学生由以前的“学会”到“想学”再到“会学”，故本节课采取“引导—探究”发现式教学法，面向全体学生，倡导探究性学习，以实验探究贯穿整个教学。重视学生对知识的获取，更重视学生获取知识的过程及方法，更突出地培养学生的学习能力。在问题的推动和教师的引导下，学生学习更加主动积极，体现“教为主导，学为主体”的思想。

2. 教学目标

(1) 尝试提取和分离绿叶中的色素。简述绿叶中色素的种类及其功能。

(2) 运用结构与功能相适应的观念解释叶绿体适于进行光合作用的结构特点。

(3) 通过对光合作用、光反应阶段和暗反应阶段研究的思考和讨论，说明光合作用的过程，并从物质与能量的视角阐明光合作用的原理。认同人类对光合作用的认识过程是逐步的、不断发展的。

(4) 设计并实施实验，探究环境因素对光合作用强度的影响。

(5) 关注光合作用原理的应用。

3. 教学过程

“光合作用与能量转化”教学实施程序如表 2.33 所示。

表 2.33 “光合作用与能量转化”教学实施程序

教学环节	教师活动	学生活动	设计意图
新课导入	【视频展示】上海世博会的一款叶子概念车(光合作用汽车)的介绍。 【提问】这款光合作用汽车的动力原理是什么？它为什么不使用汽油呢？	学生观看视频，思考并回答问题。分析讨论得出绿叶中的色素具有重要作用。	吸引学生注意力，初步了解光合色素的重要作用。
	阅读教材，讨论正常玉米植株和白化玉米植株的区别，思考：“白化苗”能持续正常地生长吗？	学生讨论回答：不能，由于“白化苗”不能进行光合作用，待种子中储存的养分耗尽就会死亡。可见植物的生活确实需要色素，依靠色素来吸收光能进行光合作用。	
提取和分离绿叶中的色素，探究光合色素的种类	【活动 1】实验：绿叶中色素的提取和分离 指导学生阅读课本，了解实验过程，然后利用教师提供的材料进行实验操作，并观察记录实验现象。 实验材料：新鲜的菠菜叶，校园里黄色的银杏叶，无水乙醇，92 号汽油及其他试剂和实验用具等。 实验操作： 1. 提取色素 (1) 称取 5 g 左右的绿色菠菜叶或黄色银杏叶，洗净，去除粗叶脉，剪碎，放入研钵中。	学生阅读课本内容，讨论分析实验流程及注意事项，再根据老师讲解的实验过程及提供的实验材料进行实验操作。	引导学生将知识讲解与实验操作相结合，分析实验结果，阐明因果联系，发展分析问题的能力。

（续表）

<table>
<tr><th>教学环节</th><th>教师活动</th><th>学生活动</th><th>设计意图</th></tr>
<tr>
<td></td>
<td>(2) 向研钵中放入少许的二氧化硅和碳酸钙、7 mL 无水乙醇，进行迅速、充分的研磨。
(3) 将研磨液迅速倒入玻璃漏斗进行过滤，将滤液收集到试管，及时用棉塞将试管塞严。
2. 制备滤纸条
将老师准备好的滤纸条一端剪去两角，并在距这一端 1 cm 处用铅笔画一条细的横线。
3. 画滤液细线
用毛细吸管吸取少量滤液，沿铅笔线均匀地画出一条细线。待滤液干后，再画两次。
4. 分离色素
将 3 mL 92 号汽油倒入试管中，将滤纸条(有滤液细线的一端朝下)轻轻插入层析液中，随后用棉塞塞住试管口。
5. 观察和记录
观察：滤纸条上有几条不同颜色的色带？其排序怎样？

要求学生在进行实验的同时思考：
1. 色素提取和分离的原理分别是什么？
2. 为什么要选择绿色新鲜的叶片？
3. 加入碳酸钙、二氧化硅的作用是什么？
4. 研磨时如何操作，为什么？
5. 过滤时能否用滤纸，为什么？
6. 加塞的目的是什么？
7. 滤纸条剪去两角的目的是什么？
8. 如何画滤液细线？
9. 滤液细线为什么不能触及层析液？
引导学生利用老师准备的材料进行实验并观察实验结果。
由于 92 号汽油味道比较大，实验过程中要通风，提醒学生注意安全，并时刻关注学生。</td>
<td>观察并在表格中记录实验现象：
<table>
<tr><th>色素颜色
(自上而下)</th><th>色素
名称</th><th>色素
宽度</th></tr>
<tr><td></td><td></td><td></td></tr>
<tr><td></td><td></td><td></td></tr>
<tr><td></td><td></td><td></td></tr>
<tr><td></td><td></td><td></td></tr>
</table>
各组展示实验结果，并评析。
讨论分析色素带浅、色素未分离开的原因；用黄色叶子做实验的组与用绿色叶子做实验的组比较实验结果，理解叶子呈现绿色的原因及秋天树叶变黄的原因。

学生思考讨论并回答问题。</td>
<td></td>
</tr>
</table>

（续表）

教学环节	教师活动	学生活动	设计意图
结合叶绿体的结构，掌握光合色素分布的场所。	用图片展示叶绿体的电镜照片和亚显微结构模式图。引导学生回忆并讲解叶绿体的结构。	学生回顾已学知识并讲解。	复习旧知，建立新知与旧知之间的联系。
光合作用的发现历程。	教师出示资料，讲解经典实验。 探索光合作用原理的部分实验。 展示科学实验。 【希尔反应】 组织学生阅读教材“思考·讨论”第1、2段。 【鲁宾和卡门的实验】 【阿尔农的发现】 组织学生阅读教材“思考·讨论”第4段。 1. 叶绿体功能的实验验证：德国科学家恩格尔曼。 2. 1937年希尔（英国）发现，离体叶绿体的悬浮液中加入铁盐或其他氧化剂，在光照无CO_2条件下可释放出氧气，说明离体叶绿体在适当条件下发生水的光解、产生氧气的化学反应。 3. 1941年鲁宾和卡门（美国）发现，$H_2{}^{18}O+CO_2\rightarrow{}^{18}O_2$，$H_2O+C^{18}O_2\rightarrow O_2$，光合作用释放的氧气来自水。 4. 20世纪40年代卡尔文（美国）发现，用14C标记的$^{14}CO_2$，供小球藻进行光合作用，追踪检测其放射性，说明CO_2中的碳在光合作用中转化为有机物中的碳。 5. 1954年、1957年阿尔农（美国）发现，在光照下，叶绿体可合成ATP，这一过程总是与水的光解相伴随。	1. 讨论恩格尔曼实验设计的巧妙之处。 2. 学习经典实验，体会同位素标记法的应用对科学发现的帮助。	学习经典实验，体验科学探究之路。

（续表）

<table>
<tr><th>教学环节</th><th>教师活动</th><th>学生活动</th><th>设计意图</th></tr>
<tr><td>光合作用的过程</td><td>组织学生进行小组合作学习：阅读教材第103～104页光合作用的过程，并完成表格。
<table>
<tr><th></th><th>光反应阶段</th><th>暗反应阶段</th></tr>
<tr><td>进行部分</td><td></td><td></td></tr>
<tr><td>条件</td><td></td><td></td></tr>
<tr><td>物质变化</td><td>水的光解：ATP的合成</td><td>CO_2的固定：C_3的还原</td></tr>
<tr><td>能量变化</td><td>光能→________</td><td>ATP中活跃的化学能→________</td></tr>
<tr><td>联系</td><td colspan="2">光反应阶段为暗反应阶段提供________，暗反应阶段产生______，为光反应阶段合成ATP提供原料。</td></tr>
<tr><td>实质</td><td colspan="2">物质合成，能量储存</td></tr>
</table>
问题思考：
1. 光反应和暗反应在物质变化和能量转化方面存在什么联系？
当光反应停止时（如植物在黑暗条件下）暗反应的NADPH和ATP的来源被阻断，暗反应会停止；而反过来，当暗反应停止时（如植物在气孔完全关闭，或无CO_2时），光反应将会受到怎样的影响？
2. 学生总结后，老师再用动画呈现光合作用的完整过程，加深巩固。</td><td>学生阅读课本并完成表格，总结光合作用各阶段的物质和能量变化。
总结光反应阶段为暗反应阶段提供NADPH和ATP；暗反应阶段产生的ADP和Pi为光反应阶段合成ATP提供原料。（暗反应产生的$NADP^+$为光反应合成NADPH提供原料）
概括光合作用的实质：物质合成、能量存储。
根据动画演示和老师的提问，再次整体理解光合作用的过程。</td><td>从“物质与能量观”的角度理解光合作用，明确光合作用是一个有机的整体。学生尝试用化学平衡原理预测和解析暗反应对光反应的影响。</td></tr>
<tr><td>探究・实践：探究环境因素对光合作用强度的影响实验。</td><td>阅读教材“探究・实践”活动，并播放演示实验。</td><td>学生观看视频，分析实验现象。</td><td>培养学生的科学探究能力。</td></tr>
<tr><td>分析各因素对光合作用强度的影响，并用图像表示。</td><td>1. 影响光合作用的因素：光照、CO_2、温度、水、矿质元素等。
2. 教师分别介绍该因素对光合作用的影响。</td><td>学生绘制不同因素对光合作用强度影响的图像。</td><td>培养学生的归纳总结能力。</td></tr>
</table>

（续表）

教学环节	教师活动	学生活动	设计意图
结合农业生产实例思考相关问题	如何帮助农民伯伯增加蔬菜中有机物的产生，提高产量？	1. 增加光照强度，延长光照时间。 2. 提高 CO_2 浓度。 3. 增大昼夜温差。	与生活实际联系，培养学生的社会责任感。
补充：化能合成作用	教师提问： 1. 什么是自养生物？什么是异养生物？ 2. 自养生物与异养生物的本质区别是什么？ 3. 自养生物有哪些类型？它们的主要区别是什么？	学生阅读课本第 105 页，归纳总结： 自然界中少数种类的细菌，虽然细胞内没有叶绿素，不能进行光合作用，但是能利用体外环境中的某些无机物氧化时所释放的能量来制造有机物，这种合成作用叫作化能合成作用，如硝化细菌。	拓宽学生视野。

4. 教学反思

光合作用是高中生物学习的难点，以实验绿叶中色素的提取和分离作为学习的开始，学生的学习热情高涨，通过分析光合作用的探索历程，有助于学生对光合作用的逐步认识，通过对各位科学家的实验过程及结论的分析，有助于学生从物质变化和能量转化两个角度理解光合作用的概念和过程，建立生物学的物质和能量观。本节内容中还涉及化能合成作用，不能因为光合作用的重要性，而忽略了化能合成作用。

附实验：

实验 1：绿叶中色素的提取和分离

【基础知识】

1. ＿＿＿＿＿是进行光合作用的场所，外表有＿＿＿层膜，内部有许多基粒，每个基粒由一个个圆饼状的＿＿＿＿＿堆叠而成，吸收光能的四种色素就分布＿＿＿＿＿＿＿＿＿＿＿＿＿＿＿＿。

2. 叶绿素 a 和叶绿素 b 主要吸收＿＿＿＿＿＿＿＿，胡萝卜素和叶黄素主要吸收＿＿＿＿＿＿。

【实验原理与方法】

1. 提取色素的原理：绿叶中的色素能够溶解在＿＿＿＿＿＿＿＿中，所以可以

用 ________ 提取绿叶中的色素。

2. 分离四种色素的原理：它们在 __________ 中的溶解度不同，溶解度高的随 ________ 在滤纸上扩散得 ________，反之则 ________，这种分离色素的方法称为 ________。

【实验操作】

"绿叶中的色素提取与分离"实验操作流程如表 2.34 所示。

表 2.34 "绿叶中的色素提取与分离"实验操作流程

步骤	实验操作	提示与问题	自我评价
1	提取绿叶中的色素	(1) 取 5 g 绿叶，幼嫩的可以吗？为什么？________________。 (2) 放入少许二氧化硅的作用？__________。放入少许碳酸钙的作用？______________。加入 10 mL ________，迅速充分研磨。 (3) 将研磨液倒入玻璃漏斗（漏斗基部放________）过滤，滤液收集到试管中，用________将试管口塞严。原因是 ______________。	
2	制备滤纸条	(1) 将干燥的定性滤纸剪成 _____ × _____ 的滤纸条，一端剪去两角，为什么？__________。 (2) 在距这一端 1 cm 处画一条细线，原因是 ________________。	
3	画滤液细线	(1) 用毛细吸管吸取少量滤液，沿线画滤液细线，要画得 ______，为什么？__________。 (2) 待滤液干后，再画两次，原因是________。	
4	分离绿叶中的色素	(1) 将 ________ 倒入小烧杯中，将滤纸条（有滤液细线的一端朝下）插入 ________ 中，随后用 ________ 盖住小烧杯。 (2) 注意：不能让滤液细线触及 ________，为什么？______________。	
5	观察与记录（将你的滤纸条粘贴于此处）	(1) 你的滤纸条上出现了几条色素带？排序怎样？分别是什么颜色？________________。 (2) 最宽的色素带是 ________。说明什么？____________。	

实验2:探究环境因素对光合作用强度的影响

【基础知识】

1. 光合作用的反应式为________________________。
2. 光反应阶段将________能转变成________能;暗反应阶段将________能转变成________能。

【实验原理与方法】

1. 为了提高光合作用的强度(单位时间制造有机物的数量),可以通过控制______________、______________等措施来进行。
2. 光合作用的强度可以测定一定时间内______________或______________来定量地表示。

【实验操作】

"探究环境因素对光合作用强度的影响"实验操作流程如表2.35所示。

表2.35 "探究环境因素对光合作用强度的影响"实验操作流程

步骤	实验操作	提示与问题	自我评价
1	取生长旺盛的绿叶,用直径为1 cm的打孔器打出小圆形叶片30片。	需要分成几组?每组小圆形叶片数量要一致吗?________。	
2	将小圆形叶片置于注射器内,并让注射器吸入清水,待排出注射器内残留的空气后,用手堵住注射器前端的小孔并缓缓拉动活塞,重复若干次。	这样操作的原因是______________________。	
3	将小圆形叶片放入黑暗处盛有清水的烧杯中待用。	此时的小圆形叶片因为细胞间隙充满了________,所以都沉在________。	
4	取3只小烧杯,分别倒入20 mL富含二氧化碳的清水。	如何得到富含二氧化碳的清水?______________。	
5	分别向3只小烧杯中各放入10片小圆形叶片,然后分别对这3个实验装置进行强、中、弱三种光照。	强、中、弱三种光照如何设置?________________________。	
6	观察并记录。	你的观察指标是______________。	
结果		你的实验结论是______________________。	

【选择性学习与研究】

1. 尝试上网搜索，进一步了解有关 C_3、C_4 植物光合作用的相关知识。

2. 你知道什么是荧光现象，什么是磷光现象吗？尝试动手操作并解释一下。

第六节 重组实验课程六：细胞的生命历程

一、细胞增殖

1. 教材分析与设计思路

通过前几章的学习，学生已经了解细胞生命系统的物质组成、结构和功能，而细胞从无到有，从产生到生长、成熟、繁殖、衰老、死亡有一个历程，按这个生命历程来安排本章内容，可以使学生认识到细胞这个系统的产生、发展和消亡的过程。本节内容先说明细胞增殖的必要性，再来介绍细胞增殖的方式以及有丝分裂的过程。

本节内容的教学可按照从现象到本质的认知过程进行组织。首先展示植物细胞有丝分裂各个时期的显微图像，建立感性认识，产生探究的愿望，通过观察对图像进行分类排序，直观感受有丝分裂各个时期染色体变化；接着观看高等植物细胞有丝分裂过程动画，理解各分裂阶段的细胞的主要特征；然后借助物理模型的构建直观地模拟有丝分裂中染色体的行为，进而构建细胞周期中染色体和核 DNA 数量变化的数量模型，上升到理性思考；最后归纳有丝分裂对保证亲子代细胞遗传物质一致性的重要意义。有丝分裂过程较为抽象，教学中应充分利用演示、模型制作、小组合作等教学手段以突破重难点。

2. 教学目标

(1) 举例说明生命活动与细胞增殖的关系，认同细胞增殖是生物生长、发育、繁殖的基础。

(2) 通过观察分析显微镜图像和模式图，能概述细胞有丝分裂各时期的主要特征，阐明细胞周期的概念。

(3) 通过识图比较，能区别动植物细胞有丝分裂的异同点，阐明有丝分裂对保证亲子代细胞遗传物质一致性的重要意义。

(4) 通过制作根尖分生区组织细胞有丝分裂的临时装片，并观察处于细胞周期不同阶段的植物细胞，提升临时装片制作和显微操作技能。

3. 教学过程

(1) 教学设计意图

提出问题——细胞增殖的意义。

进一步提出问题——细胞不能无限长大的原因。

分析问题 1——细胞增殖具有周期性。

分析问题 2——植物细胞有丝分裂过程中一系列的规律性变化。

分析问题 3——动物细胞有丝分裂过程中与植物细胞的区别。

得出结论——有丝分裂有利于维持遗传物质的稳定。

实验检验——探究实践:观察细胞的有丝分裂。

(2) 教学实施程序

"细胞增殖"教学实施程序如表 2.36 所示。

表 2.36 "细胞增殖"教学实施程序

教学环节	教师活动	学生活动	设计意图
新课引入	【创设情境】 人体全身细胞总数约 10^{14} 个,这么多细胞均来自 1 个受精卵。 【提出问题】 从一个受精卵到一个完整的生物体,需要经历哪些过程?	通过思考讨论,回答: 有细胞体积的增加,数目的增加和细胞种类的增加。	从学生熟悉的实例出发激发他们思考。
细胞不能无限长大的原因	细胞不能无限长大的原因有很多,细胞的大小、影响物质运输的速率可以作为一种解释。 【思维训练】 1. 现有三个大小不同的细胞模型,边长分别为 3 cm、2 cm、1 cm 的正方体,计算三个正方体的表面积和体积________________________。 2. 物质在细胞中的扩散的速率是一定的,假定某种物质如葡萄糖通过"细胞膜"后,向内扩散的深度是 0.5 cm,计算这三个"细胞"中物质扩散的体积与整个"细胞"体积的比值。 【讨论】 1. 细胞的表面积和体积的比值和细胞的大小有什么关系? 2. 从物质的运输效率来看,细胞为什么不能无限长大? 3. 细胞是越小越好吗?	思考,计算回答: 1. 表面积与体积之比随细胞增大而减小。 2. 葡萄糖扩散的体积与整个细胞的体积之比随细胞增大而减小。 3. 细胞体积越大,其相对表面积越小,细胞的物质运输的效率越低。相对表面积是限制细胞长大的因素之一。 4. 受细胞核控制范围的制约。 5. 细胞不是越小越好。	运用模型训练学生的思维。

(续表)

教学环节	教师活动	学生活动	设计意图
细胞增殖	【讲解】 1. 细胞通过分裂方式进行增殖。 2. 细胞分裂的方式。 3. 真核细胞:有丝分裂、减数分裂、无丝分裂。 4. 原核细胞:二分裂。 5. 连续分裂的细胞具有细胞周期。 6. 细胞周期分为分裂间期和分裂期,分裂间期为分裂期进行物质准备。	理解: 1. 多细胞生物以细胞分裂的方式产生新细胞。 2. 单细胞生物以细胞分裂的方式产生新的个体。 3. 细胞增殖是重要的细胞生命活动,是生物体生长、发育、繁殖、遗传的基础。 4. 细胞周期: 连续分裂的细胞,从一次分裂完成时开始,到下一次分裂完成时为止,为一个细胞周期。 5. 分裂间期完成 DNA 复制和相关蛋白质的合成。	
植物细胞有丝分裂	【展示图片】 植物细胞有丝分裂各个时期的图像。 【提出问题】 1. 染色体和染色质之间是什么关系? 2. 将这些图像进行分类并说明分类的依据。 3. 将分类过的图像进行排序。 4. 归纳有丝分裂过程中染色体的行为特征。 【动画展示】 植物细胞有丝分裂的过程。 【布置任务】 假定某动物体中一个体细胞核内的染色体和 DNA 的含量为 2N,画出一个细胞周期中染色体和 DNA 数量变化曲线图。	思考、分类、归纳: 1. 出现明显的染色体。 2. 染色体有规律地排在细胞的中央。 3. 染色体分成两组,移向细胞两极。 4. 染色体又变成了染色质,出现了两个细胞核。 观看视频,归纳植物细胞周期,特别是有丝分裂过程中细胞的变化。 1. 分裂间期:DNA 复制,有关蛋白质合成。 2. 有丝分裂 (1) 前期:核膜、核仁解体,出现染色体、纺锤体。 (2) 中期:染色体着丝粒整齐排列在赤道板,染色体形态固定,数目清晰。 (3) 后期:着丝粒分裂,染色体单体分开成为染色体,染色体数目加倍,纺锤丝牵引移向两极。 (4) 末期:染色体解旋成为染色质,纺锤体消失,出现新的核膜核仁,中央细胞板扩展为细胞壁。	通过观察引导学生注意有丝分裂过程中染色体的形态变化。 通过视频帮助学生认识植物细胞有丝分裂的过程是一个连续变化的过程。 提炼有丝分裂过程中染色体和 DNA 变化规律。

（续表）

<table>
<tr><th>教学环节</th><th>教师活动</th><th>学生活动</th><th>设计意图</th></tr>
<tr><td>动物细胞有丝分裂的过程</td><td>【图片展示】
蝾螈有丝分裂的图像。
【视频同步对比】
植物细胞有丝分裂和动物细胞有丝分裂的差异。</td><td>讨论归纳：
植物细胞和动物细胞有丝分裂的异同点。
<table><tr><th colspan="2"></th><th>动物细胞</th><th>植物细胞</th></tr><tr><td colspan="2">相同点</td><td colspan="2"></td></tr><tr><td rowspan="2">不同点</td><td>前期</td><td></td><td></td></tr><tr><td>末期</td><td></td><td></td></tr></table></td><td>对比学习，培养学生识图和概括能力。</td></tr>
<tr><td>归纳小结</td><td>【提问】
有丝分裂对生物遗传有什么意义？</td><td>【讨论】
1. 亲代细胞的染色体经过复制后，精确地平均分配到两个子细胞中。
2. 在生物的亲代细胞和子代细胞之间保证了遗传性状的稳定性。</td><td>评价有丝分裂的意义。</td></tr>
<tr><td>探究实践：观察根尖分生区组织细胞的有丝分裂</td><td>观察根尖分生区组织细胞的有丝分裂
【实验原理】
1. 在高等植物体内，有丝分裂常见于根尖、芽尖等分生组织。
2. 各个细胞的分裂是独立进行的，同一分生组织中可看到处于不同分裂时期的细胞。
3. 染色体容易被碱性染料（如甲紫溶液）着色。
【实验选材】
洋葱（可用葱、蒜代替）
1. 分裂能力旺盛的部位，如根尖、芽尖。
2. 分裂期占分裂周期比例大。
3. 染色体数目较少，便于观察。
【实验方法和步骤】
1. 准备：洋葱根尖的培养
2. 装片的制作：
(1) 解离：3～5 min；
(2) 漂洗：约 10 min；
(3) 染色：3～5 min；
(4) 制片。
3. 洋葱根尖细胞有丝分裂的观察。
(1) 低倍镜下找到分生区。
(2) 高倍镜下辨认分裂象。</td><td>【小组合作】
制作临时装片，在低倍镜下找到分生区，在高倍镜下辨认分裂象。
【展示交流】
1. 交流展示图像。
2. 分析成果或者失败的原因，从而进一步改变实验方法。</td><td>培养动手操作技能，观察交流分析技能。</td></tr>
</table>

4. 教学反思

在归纳有丝分裂过程中染色体和 DNA 的变化规律时，可使用染色体模型让学生构建不同分裂时期的物理模型，帮助理解和记忆。

洋葱根尖解离时，可课前解离好，使用 60 ℃水浴加热解离，使细胞充分分散开，既提高了学生实验的成功率，也加快了课堂的进度。

附实验：

实验 1：探究细胞大小与物质运输的关系

【基础知识】

1. 细胞体积越________，其相对表面积越________，细胞的物质运输的效率就越________。由此可知，______________________限制了细胞的长大。
2. 一条染色体，复制前后、着丝点分裂前后的相关变化

   染色体、染色单体、DNA 分子数数量变化如表 2.37 所示。

表 2.37 染色体、染色单体、DNA 分子数数量变化

	染色体数	图例	染色单体数	DNA 分子数
复制前	1			
复制后				
着丝点分裂后				

【思维训练】

1. 用模型模拟细胞。模型越小，其表面积________，则其与外界交换物质的表面积________，经交换进来的物质在模型中扩散的速度__________。
2. (1) 现有三个大小不同的细胞模型，边长分别为 3 cm、2 cm、1 cm 的正方体，计算三个正方体的表面积和体积：______________。

   (2) 物质在细胞中的扩散的速率是一定的，假定某种物质如葡萄糖通过“细胞膜”后，向内扩散的深度是 0.5 cm，计算这三个“细胞”中物质扩散的体积与整个“细胞”体积比值（表 2.38）。

表 2.38　细胞大小与物质运输数量关系

细胞的边长(cm)	比值(表面积/体积)	葡萄糖扩散体积(cm^3)	比值(葡萄糖扩散的体积/整个细胞的体积)
1			
2			
3			

(3) 结论:细胞的表面积与体积之比随着细胞的增大而________;葡萄糖扩散的体积与整个细胞的体积之比随着细胞的增大而________。

【选择性学习与研究】

1. 尝试用不同的材料和试剂进行实验,探索实验效果最佳的材料和试剂组合。
2. 根据实验结果,构建一个数学模型。

实验 2:观察根尖分生区组织细胞的有丝分裂

【基础知识】

1. 有丝分裂是真核生物进行细胞分裂的主要方式,细胞进行有丝分裂具有周期性,一个细胞周期包括两个阶段:________和________,其中细胞周期大部分的时间是处于________________。
2. 人们为了研究方便,把分裂期分为四个时期:前期,特点是______________;中期,特点是__________________;后期,特点是__________________;末期,特点是__________________;其中便于观察的是________期,染色体数目开始加倍在________期。
3. 植物细胞和动物细胞有丝分裂过程的不同点是:______________________、______________________。
4. 细胞有丝分裂的重要意义是,将亲代细胞的染色体经过________之后,__________分配到两个子细胞中。由于染色体上有遗传物质____________,因而在细胞的亲代和子代之间保持了遗传性状的稳定性。
5. 进行无丝分裂的典型代表是____________(生物)____________细胞,无丝分裂的特点是________________。

【实验原理与方法】

1. 植物中,有丝分裂常见于根尖、芽尖等______________细胞。由于各个细胞的分裂是______________(同步或不同步)进行的,因此在同一分生组织中可以看到处于不同分裂时期的细胞。

2. 染色体容易被____________染料(如____________或____________)着色。

3. 通过在高倍显微镜下观察各个时期细胞内____________存在状态,就可判断这些细胞处于有丝分裂的哪个时期,进而认识有丝分裂的完整过程。

【实验操作】

"观察根尖分生区组织细胞的有丝分裂"实验操作流程如表 2.39 所示。

表 2.39 "观察根尖分生区组织细胞的有丝分裂"实验操作流程

步骤	实验操作	提示与问题	自我评价
1	准备:洋葱根尖的培养。 在上课之前的 3～4 d,取洋葱一个,放入广口瓶上。瓶内装满清水,让洋葱的底部接触到瓶内的水面。把这个装置放在温暖的地方培养,待根长到约 5 cm。	置于温暖处,常换水的目的是____________。	
2	装片的制作: (1) 解离:3～5 min。 (2) 漂洗:约 10 min。 (3) 染色:3～5 min。 (4) 制片。	(1) 剪取洋葱根尖 2～3 mm 的目的是____________。 (2) 解离的目的是____________。 (3) 漂洗的目的是____________。 (4) 如果染料浓度过大或染色时间过长会____________。	
3	洋葱根尖细胞有丝分裂的观察 (1) 把装片先放在低倍显微镜下观察,找到分生区细胞。 (2) 再换成高倍显微镜,观察各时期的细胞。 (3) 如果自制效果不明显,可观察洋葱根尖固定装片。 (4) 调节显微镜的放大倍数,使你能够在视野里同时观察到约 50 个细胞,仔细统计视野中处于各时期的细胞数,记录在记录表"样本 1"中。把视野移到分生区一个新的区域再统计,然后记录在记录表"样本 2"中。对数据进行整理,填入表中。	(1) 你是根据____________(特征)找到分生区细胞。 (2) 在一个视野中______(能或不能)观察到一个细胞有丝分裂的动态过程。	
4	整理:清洗实验器材,整理实验桌面,完成实验报告。		

（续表）

<table>
<tr><th>步骤</th><th>实验操作</th><th>提示与问题</th><th>自我评价</th></tr>
<tr><td>结果</td><td><table>
<tr><td colspan="2">细胞周期</td><td>样本 1</td><td>样本 2</td><td>总数</td><td>每一时期的细胞数/计数细胞的总数</td></tr>
<tr><td colspan="2">间期</td><td></td><td></td><td></td><td></td></tr>
<tr><td rowspan="5">分裂期</td><td>前期</td><td></td><td></td><td></td><td></td></tr>
<tr><td>中期</td><td></td><td></td><td></td><td></td></tr>
<tr><td>后期</td><td></td><td></td><td></td><td></td></tr>
<tr><td>末期</td><td></td><td></td><td></td><td></td></tr>
<tr><td colspan="3">计数细胞的总数</td><td></td><td></td></tr>
</table></td><td>如何比较细胞周期不同时期的时间长短？＿＿＿＿＿＿。</td><td></td></tr>
</table>

【选择性学习与研究】

1. 查阅资料，了解细胞周期检测、细胞同步化等实验技术。
2. 研究性学习可以根据“实验材料选择、实验流程”等角度对实验时间以及实验结果进行改进优化。

二、细胞的分化

1. 教材分析与设计思路

本节在相关内容的呈现顺序上体现了建构概念的基本理念，通过分析事实，抽象概括出重要的概念。设计思路如下：

(1) 情境导入——对比不同动物细胞和植物细胞的异同，体会细胞分化的普遍性。

(2) 概括细胞分化的概念、实质和特点——总结细胞分化的概念，利用图片、资料理解细胞分化的实质和特点。

(3) 归纳细胞全能性的概念——通过实验资料分析，理解细胞全能性的概念和动物、植物细胞全能性的区别。

(4) 了解干细胞的特点和相关研究进展——资料展示，增强生命观念和社会责任感。

(5) 归纳、总结和延伸——归纳、分析、总结细胞分化的概念，认识细胞分化与细胞分裂的区别与联系。

2. 教学目标

(1) 阐明细胞分化的概念，说出细胞分化是细胞中基因选择性表达的结果，是形成多细胞生物体的必要过程。

(2) 举例说明细胞的全能性在植物组织培养和动物克隆等方面的应用。

(3) 说出干细胞的特点，关注干细胞在医疗上的应用。

3. 教学过程

"细胞的分化"教学实施程序如表 2.40 所示。

表 2.40 "细胞的分化"教学实施程序

教学环节	教师活动	学生活动	设计意图
导入	【图片展示】多种细胞的分化 【提问】 肌肉细胞、神经细胞、红细胞等区别在哪里？ 【提问】根据叶肉细胞、表皮细胞、储藏细胞的图片，找到它们的差别在哪里？相同点又在哪里？	观察、讨论： 通过动物和植物两个实例，让学生理解细胞分化是生物界普遍存在的现象。 学生回答： 形态、结构、功能上的差异。 学生回答： 这些细胞形态/结构/生理功能不同，但是都来自一群彼此相似的早期胚细胞，都起源于受精卵。	通过实例理解细胞分化的普遍性。
概括细胞分化的概念、实质和特点	【讲解】 细胞分化：在个体发育中，由一个或一种细胞增殖产生的后代，在形态、结构和生理功能上发生稳定性差异的过程。 【提问】 1. 细胞分化有没有引起细胞中遗传物质的改变？ 2. 细胞分化发生的原因是什么？ 【归纳 1】 尝试归纳细胞分化的实质。 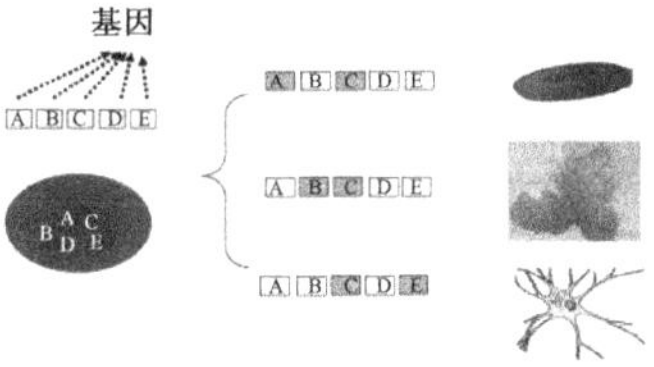 【归纳 2】尝试归纳细胞分化的特点。 【提问】 1. 细胞分化发生在个体发育的哪些阶段？ 2. 已分化的细胞还能恢复原来的结构和功能吗？ 3. 细胞分化对于生物体有何意义？	学生小组讨论、分析回答： 细胞中的特异基因表达出特异的蛋白质，导致细胞的形态结构、生理功能发生变化。 学生总结归纳： 细胞分化是不同细胞中遗传信息的表达情况不同导致。 （基因的选择性表达）	运用不完全归纳法，形成细胞分化的概念。 通过具体实例，体会细胞分化的实质，通过讨论总结细胞分化的特点、意义。

（续表）

教学环节	教师活动	学生活动	设计意图
归纳细胞全能性的概念	【思考讨论】阅读教材第120页“思考·讨论”中的资料1和资料2。 【小组讨论】 1. 从资料1可以得出什么结论？ 2. 如果将胡萝卜韧皮部细胞换成其他已高度分化的植物细胞，在适宜的条件下，这些细胞也能形成新的植株吗？ 3. 从实验操作的角度来看，该实验与资料1的实验有什么不同？ 4. 通过这个实验你能得到什么结论？ 【总结】 1. 细胞全能性的概念。 2. 细胞经分裂和分化后，仍具有产生完整有机体或分化成其他各种细胞的潜能和特性。 3. 展示我国植物组织培养和克隆猴的最新成果。	学生讨论得出高度分化的植物细胞具有全能性，动物细胞核具有全能性，动物细胞的全能性随着分化程度提高而降低。	学生运用比较、归纳、分析等科学方法对结果进行分析。 通过展示我们先进的研究成果，激发民族自豪感。
了解干细胞的特点和相关研究进展	【资料展示】 干细胞研究的相关资料和视频 【与社会联系】 讨论： 1. 骨髓干细胞的作用，脐带血保存的意义。 2. 白血病产生的原因及治疗方案。	讨论交流，明确骨髓干细胞的作用、保存脐带血的意义。	了解干细胞研究的最新进展，了解保存脐带血的意义，了解白血病的相关知识，形成关注健康、珍爱生命的理念，提升社会责任感。

（续表）

<table>
<tr><th>教学环节</th><th>教师活动</th><th>学生活动</th><th>设计意图</th></tr>
<tr>
<td>归纳、总结与延伸</td>
<td>1. 构建本节内容相关思维导图。
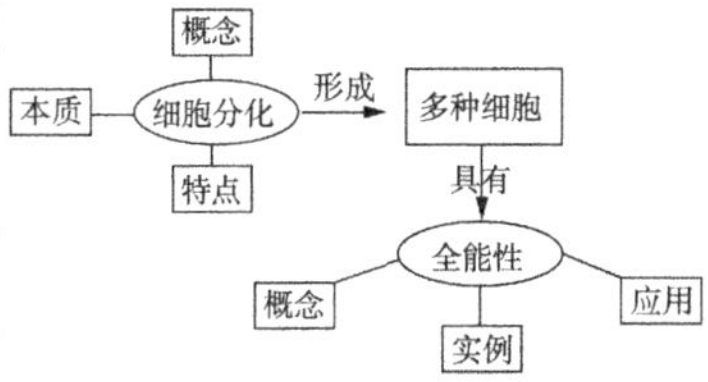

2. 思考细胞分化和细胞分裂的区别和联系。
<table>
<tr><td colspan="2"></td><td>细胞分裂</td><td>细胞分化</td></tr>
<tr><td rowspan="2">不同点</td><td>细胞数量</td><td></td><td></td></tr>
<tr><td>形态结构和功能</td><td></td><td></td></tr>
<tr><td>相同点</td><td colspan="3"></td></tr>
<tr><td>联系</td><td colspan="3"></td></tr>
</table>
</td>
<td>讨论，完成相关知识点的构建。
<table>
<tr><td colspan="2"></td><td>细胞分裂</td><td>细胞分化</td></tr>
<tr><td rowspan="2">不同点</td><td>细胞数量</td><td>增加</td><td>不变</td></tr>
<tr><td>形态结构和功能</td><td>相同</td><td>存在差异</td></tr>
<tr><td>相同点</td><td colspan="3">遗传信息不变</td></tr>
<tr><td>联系</td><td colspan="3">先分裂，后分化，细胞分裂是细胞分化的基础，共同完成生物个体发育过程</td></tr>
</table>
</td>
<td>提升归纳总结和综合分析的能力。</td>
</tr>
</table>

4. 教学反思

由于缺乏基因表达的知识铺垫，学生在理解细胞分化的实质时，存在一定的障碍，此时不可要求学生死记细胞分化的实质是“基因选择性表达”。可以通过基因是遗传信息的携带者，蛋白质是生命活动的主要承担者，基因通过控制蛋白质的合成来控制细胞的生命活动作为过渡，同时通过不同细胞中蛋白质的种类上的差异，进一步帮助学生理解细胞分化的实质。同时要强调分化的细胞遗传物质是一样的，但蛋白质种类不完全相同。

三、细胞的衰老和死亡

1. 教材分析与设计思路

在正常情况下，细胞会先衰老，后死亡，本节教材内容的安排也遵循了生命历程的这一规律，先介绍衰老，后介绍死亡。本节课的教学设计也遵循了这一规律。

细胞的衰老是看不见的，细胞的形态、结构功能上的变化，也很难观察到，因此先从衰老个体入手，引导学生思考细胞里面可能发生的形态、结构上的变化，进一步思考细胞中化学成分的变化，从宏观到微观层层递进。

对于细胞死亡的内容的编排，更多的是让学生理解细胞死亡并不是结束，也不是坏事，而是对机体发育具有重要的意义。

本节内容还注重介绍细胞衰老的假说、细胞自噬的研究和秀丽隐杆线虫的研究，开阔了学生的视野，也激发了学生的求知欲。本节内容还需要密切联系社会，培养学生的社会责任感和生命观念。

2. 教学目标

（1）通过识图观察和资料分析，说出细胞衰老在形态、结构和生理功能等方面的特征，理解细胞衰老的可能机制，认同细胞衰老是一种自然的生理过程。

（2）以结构与功能观等生命观念为指导，从分子水平和细胞水平解释老年人出现与衰老有关的外貌特征和生理变化的原因，辩证地说明个体衰老和细胞衰老的关系，并结合自身经历感受，分析人口老龄化的社会现状及其带来的问题，形成关爱老年人的情感和社会责任意识。

（3）通过观察图片和阅读资料，比较细胞凋亡和细胞坏死两种细胞死亡方式的区别。说出细胞凋亡发生的时期和生理意义，理解细胞凋亡是一种由基因严格控制的自然生理过程。探讨细胞衰老和死亡与人体健康的关系。

3. 教学过程

“细胞的衰老和死亡”教学实施程序如表 2.41 所示。

表 2.41 “细胞的衰老和死亡”教学实施程序

教学环节	教师活动	学生活动	设计意图
情境导入	【图片展示】老年人的面部图片 【提问】 1. 衰老的人有哪些特征？ 2. 这些特征是细胞的哪些变化导致的？	观察、分析、总结、归纳衰老细胞的特征： 1. 皮肤干燥、有皱纹。 2. 头发变白。 3. 老年斑。 4. 行动迟缓无力。 5. 吸收能力下降。 原因： 1. 细胞内水分减少，体积变小。 2. 毛囊黑色素细胞衰老，酪氨酸酶活性降低，黑色素合成减少。 3. 细胞内色素（脂褐素）的积累。 4. 细胞内呼吸速率减慢。 5. 细胞膜通透性功能改变。 补充：细胞核的体积增大，核膜内折，染色质收缩，染色加深。	通过识图观察和资料分析，说出细胞衰老在形态、结构和生理功能等方面的特征，从分子水平和细胞水平解释老年人出现与衰老有关的外貌特征和生理变化的原因。

（续表）

教学环节	教师活动	学生活动	设计意图
细胞衰老	【思考】 1. 老人会出现皱纹、老年斑、白头发，是不是人衰老时，细胞才会衰老呢？ 2. 个体的衰老和细胞的衰老有什么关系呢？ 【小组讨论】 1. 年龄因素与细胞衰老的关系。 2. 教材第125页“思考·讨论”的两个实验，可以得出什么结论？ 【归纳总结】 细胞增殖能力与个体年龄有密切关系，细胞会随着分裂次数增加而衰老，细胞核对细胞衰老影响更大。 【小组讨论】 1. 我国已经进入老龄化社会，结合你自身的感受，谈谈老龄化社会对你生活的影响？ 2. 关爱老人，不能停留在口头上，我们该如何尽一份力，有哪些措施？ 【讲述】 寻求长生不老，是人类一直追求的目标，却从未实现，人类为什么不能实现长生不老？首先要了解细胞衰老的原因。 关于细胞衰老机制的研究，近几十年取得了巨大的进展，科学家们也提出了很多假说，目前比较认可的是两种假说。 假说一：自由基学说 【图片展示】 化妆品中的自由基。 教材上的资料。 【提问】 1. 自由基是什么？ 2. 自由基如何引起细胞衰老？ 假说二：端粒学说	分类归纳： 1. 单细胞生物 细胞衰老＝个体衰老 2. 多细胞生物 细胞衰老≠个体衰老 细胞时刻都在更新。 从实验入手，切实体会细胞衰老与分裂次数的关系。 1. 学生阅读教材资料，回答自由基是什么及引起衰老的原因。 2. 学生阅读资料，回答端粒是什么、缩短的原因及其作用。	辩证地说明个体衰老和细胞衰老的关系。 形成关爱老年人的情感和社会责任意识。 了解生物科技的进展。

（续表）

教学环节	教师活动	学生活动	设计意图
	【资料展示】 “端粒和端粒酶”相关研究和诺贝尔奖的获得情况。 【提问】 1. 端粒是什么？化学本质是什么？端粒在什么情况下会缩短？ 2. 端粒酶的作用是什么？ 【讨论】 我们无法做到长生不老，却可以试着延缓衰老。延缓细胞衰老的方法有哪些？		
细胞死亡	**细胞凋亡** 生老病死是正常的生命现象，也是自然规律，细胞衰老后也将走向死亡，那么细胞是以哪种方式死亡的呢？ 【资料呈现 1】 人和青蛙是无尾的动物，但是人胚胎初期是有尾的，青蛙在幼体蝌蚪时也是有尾的，那么人和青蛙的尾哪里去了？与什么细胞器有关？ 【归纳概念】 细胞凋亡：由基因所决定的细胞自动结束生命的过程，就叫细胞凋亡，是细胞内遗传机制程序性调控的结果，又叫细胞程序性死亡。 【讨论分析】 细胞凋亡发生在什么时候，有什么作用和意义？ 【资料呈现 2】 既然细胞凋亡对个体发育如此重要，那它又是如何发生的呢？ 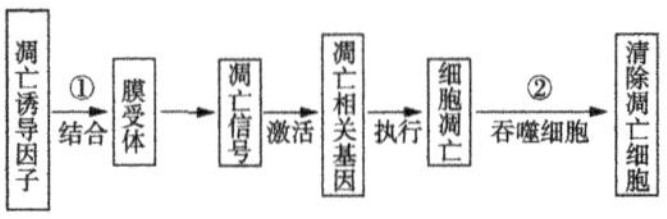 【科学技术与进展】 对细胞凋亡研究的突破离不开一种实验材料——秀丽隐杆线虫。	学生观察、讨论，认识到在发育过程中，尾部细胞使尾部自动消失。这个过程是一种自然的生理过程，是由基因决定的自动结束生命的过程，对生物的发育具有重要的意义。 学生分析讨论细胞凋亡的作用： 1. 有利于生物体内细胞的自然更新。 2. 有利于清除某些被病原体感染的细胞。 3. 有利于清除完成正常使命的衰老细胞。 细胞凋亡的意义：完成正常发育，维持内部环境稳定，对抵御外界因素干扰起关键作用。	理解细胞凋亡是一种由基因严格控制的自然生理过程。

(续表)

教学环节	教师活动	学生活动	设计意图
	【拓展延伸】 了解细胞自噬,理解、研究细胞自噬在疾病治疗上的意义。 **细胞坏死** 【思考】 某人因长期吸烟,导致肺部局部细胞病变死亡,属于细胞凋亡吗? 【讲解】 细胞坏死:指在种种不利因素影响下,如极端的物理、化学因素或严重的病理性刺激的情况下,由细胞正常代谢活动受损或中断引起的细胞损伤和死亡。 【讨论】 细胞坏死与细胞凋亡的区别是什么?	学生通过了解相关科学史,理解实验材料的选择对实验结果的重要性。 学生认识到,"某人因长期吸烟,导致肺部局部细胞病变死亡"不属于细胞凋亡。	了解生物科技的进展。 区别细胞凋亡和细胞坏死。

4. 教学反思

总结细胞衰老和死亡与人体健康的关系。指出细胞衰老和细胞凋亡都是正常的生命现象,细胞从增殖、分化到衰老和死亡的生命历程是一种自然规律。研究细胞衰老的原因和细胞凋亡的机制,对于多种疾病的防治以及延缓衰老、延长寿命有重要意义;而面对人口老龄化的现状,需要有适当的应对措施和准备。

第三章　学科融合实验课程

第一节　与数学学科融合:定量分析离体叶绿素在光照下的含量变化

【实验准备】

一、实验背景

本实验是以人教版《高中生物学　必修 1　分子与细胞》第 5 章第 4 节“绿叶中色素的提取和分离”实验为基础。“绿叶中色素的提取和分离”实验是定性实验,教学的主要目的是培养和训练学生的实验技能,比如提取和分离绿色植物中的光合色素。在实验教学中,叶绿素提取是通过研磨的方法提取的,消耗时间较长,所以会出现实验过程中时间紧张的问题,为了解决此问题,我们在参考文献中发现光合色素的提取还可以采用浸提法,即将绿色植物叶片置于浸提液中过夜处理,过滤后取滤液即可获得光合色素。浸提法方法简单,实验前提取保存有利于减少实验过程时间,但是浸提出的离体叶绿素见光易分解,不利于保存,故本实验欲开展“定量分析离体叶绿素在光照下的含量变化”的探究实验,为离体叶绿素的保存提供实验数据和合理建议。在实验探究的同时激发学生求知欲望和创新精神,在查阅文献、分析文献的同时培养其搜集和处理科学信息的能力以及提出科学问题的能力,在定量实验中科学严谨地记录、整理和分析实验数据,培养其通过实验数据形成结论的能力以及通过误差分析培养严谨的科学思维。

二、实验目标

1. 学习使用研磨法、浸提法等方法提取绿叶中的光合色素。

2. 学会使用分光光度计对叶绿素 a 和叶绿素 b 的含量进行检测。

3. 初步学会数据处理分析的方法，培养严谨的科学思维。

三、材料用具

菠菜叶、丙酮、乙醇、分光光度计、光照培养箱、试管、烧杯、锥形瓶、硬纸板箱、滤纸、剪刀、电子天平、脱脂棉。

四、安全提醒

实验过程中使用丙酮、乙醇等试剂时要注意安全。如果在实验过程中不慎接触，请采用以下急救措施：如果皮肤接触，应脱去污染的衣着，用肥皂水和清水彻底冲洗皮肤；如果眼睛接触，提起眼睑，用流动清水或生理盐水冲洗、就医；如果吸入，迅速脱离现场至空气新鲜处，保持呼吸道通畅。

【方案实施】

一、实验步骤

1. 配置浸提液

首先使用蒸馏水配置 80%丙酮溶液，再将该丙酮溶液与无水乙醇以 1∶1 混合，制成绿叶浸提液。

2. 实验材料处理

清洗菠菜，晾干后称取一定质量的菠菜，并平均分为 2 组。剪碎后分别装入锥形瓶中，分别加入等量浸提液，振荡，在黑暗条件下浸提一个晚上。

3. 对照组与实验组处理

将锥形瓶中液体进行过滤，取浸提液平均等量加入试管内，一组置于黑暗条件下，一组置于光照条件下，静置相同时间。

4. 叶绿素含量检测

使用丙酮和无水乙醇等量混合而成的提取液，直接浸泡提取剪成细丝的材料，使用该方法提取的叶绿素溶液和使用丙酮法的叶绿素提取液吸收光谱一致，所以可以使用 Arnon 公式(丙酮法)计算叶绿素含量，是一种简单快速准确测定叶绿素的方法。

使用80%丙酮溶液做提取液，利用分光光度计分别在663 nm、645 nm波长下检测叶绿素a和叶绿素b的含量，叶绿素a的含量计算公式为$C_a=(12.7A_{663}-2.59A_{645})\times\frac{V}{m}$，$C_b=(22.9A_{645}-4.67A_{663})\times\frac{V}{m}$，$V$为提取液体积，$m$为样品重量。叶绿素总含量$=C_a+C_b$。

二、实验记录

1. 定时观察对照组与实验组中色素提取液的颜色变化，拍照并记录。

2. 定时使用分光光度计检测对照组与实验组中叶绿素的吸光值，设计表格并记录实验数据。

3. 对实验数据进行处理，计算两组实验中叶绿素的含量。

4. 制作离体叶绿素在黑暗和光照条件下含量随时间变化图。

三、结果评价

1. 离体叶绿素在黑暗和光照条件下含量有什么变化?

2. 你能否结合本实验结果解释为什么在光合色素进行纸层析一段时间后，叶绿素条带颜色变浅或消失?

3. 你对离体叶绿素保存有什么建议?

四、交流讨论

有些同学在实验过程中得到了一些不同的实验现象，如有些同学对照组与实验组中叶绿素提取液初始状态都是黄色，有些同学在实验过程中无法正确测出叶绿素含量，不同小组做相同的实验得到的实验结果却差异很大，分别是什么原因呢?你会提什么建议去解决他们的问题?

五、清洁整理

清理所有仪器，并放到指定的位置，清洁桌面。对废液进行分类处理。

【延伸拓展】

一、创造性思维

通过本次探究实验同学们学会了定量检测绿叶中光合色素含量的方法,你能否用此方法去探究生活中常见的一些现象呢?如紫甘蓝、枫叶等非绿色叶片中是否存在叶绿素?

二、批判性思维

在遮光条件下第9 h叶绿素含量有略微升高,理论上离体叶绿素含量不会升高,在实验过程中发现遮光处理下叶绿素试管壁温度很低,你对此现象有什么想法,如何设计实验进行检验?

第二节　与化学学科融合:发酵技术与蒸馏工艺实践——猕猴桃果酒制作与品质鉴定

【实验准备】

一、实验背景

猕猴桃含有丰富的矿物质,如丰富的钙、磷、铁,还含有胡萝卜素和多种维生素,对保持人体健康具有重要的作用。利用猕猴桃进行果酒发酵可追溯到我国唐代,杜甫的《谢严中丞送青城山道士乳酒一瓶》一诗中有"山瓶乳酒下青云,气味浓香幸见分",其中乳酒就是现在所谓的猕猴桃酒。目前猕猴桃作为一种新兴的果品,营养丰富,是上好的食品加工原料,猕猴桃发酵产酒效果如何呢?可以利用猕猴桃进行果酒发酵,检测发酵液中酒精含量。但是有研究表明果酒中葡萄糖是还原糖,能与酸性重铬酸钾溶液反应,所以不能准确检测酒精含量,可以通过发酵技术将酒精蒸馏出来再进行检测。

二、实验目标

1. 利用细胞无氧呼吸原理,使学生掌握猕猴桃果酒的制作方法。
2. 学生使用蒸馏技术对猕猴桃白酒进行蒸馏收集。

三、材料用具

猕猴桃、酵母、食品级白砂糖、电子天平、恒温培养箱、蒸馏器、冷凝管、榨汁机、酒精计、酸碱滴定管。

四、安全提醒

1. 在进行无菌操作时要注意安全。
2. 使用离心机时，注意样品要配平。

【方案实施】

一、实验步骤

1. 消毒处理

用洗涤剂将榨汁机与发酵瓶清洗干净后，用 75%酒精将榨汁机和发酵瓶内部进行消毒处理。

2. 酵母菌活化

取 1 g 活性干酵母，加入 20 g 水温为 38 ℃的温水中，添加质量分数为 5%的蔗糖，在恒温 38 ℃条件下，搅拌活化约 20～30 min。

3. 材料的选择与处理

挑选猕猴桃并清洗干净，去皮。加入已消毒榨汁机中并加入无菌水进行破碎，破碎结束以后进行过滤，取猕猴桃滤汁，在猕猴桃汁中加入蔗糖、已活化酵母菌，加入已消毒发酵瓶中。

4. 控制发酵条件

猕猴桃汁装入发酵瓶时，要留有大约 1/3 的空间，在制作猕猴桃酒的过程中，将温度严格控制在 18～25 ℃。

5. 酒精蒸馏

将完成的发酵液装入蒸馏瓶中，用蒸馏水冲洗容量瓶，安装冷凝装置，加热蒸馏，当蒸馏产物接近标线时取下容量瓶，静置半小时左右，备用。

6. 酒精含量检测

猕猴桃果酒中酒精含量如何，可以用重铬酸钾溶液来检验。在酸性条件下，重铬酸钾与酒精反应呈灰绿色。检验时，取两支试管，加入等量酒精蒸馏液 2 mL，在一支试管中滴入物质的量浓度为 3 mol/L 的 H_2SO_4 3 滴，振荡混匀，最后滴加常温下饱和的重铬酸钾溶液 3 滴，振荡试管，另外一只加入等量蒸馏水。

观察颜色变化。

二、实验记录

1. 观察猕猴桃酿酒过程中果汁颜色、浑浊程度等变化情况，判断发酵情况。

2. 观察酒精与重铬酸钾反应的颜色变化，判断酒精含量高低。

三、结果评价

根据观察到的实验现象和测得的酯类含量等评价猕猴桃酒的品质。

四、交流讨论

班级各实验组之间比较各自的实验结果，总结酿酒技术要点和方法技巧。

五、清洁整理

清理所有仪器，并放到指定的位置，清洁桌面。对废液进行分类处理。

【延伸拓展】

一、创造性思维

1. 实验过程中还有哪些指标可以对果酒的品质进行鉴定？如何进行鉴定？

2. 市场上有时会出现假酒，如何用生物学方法辨别酒的真假？

二、批判性思维

如何看待中国传统酒文化和酒桌文化？

第三节　与信息技术融合：通过模拟实验探究光照强度对光合作用的影响

【实验准备】

一、实验背景

本实验是以人教版《高中生物学　必修 1　分子与细胞》第 5 章第 4 节“探究环境因素对植物光合作用的影响”实验为基础。在实际教学过程中，由于受到实验材料选取困难、光源强度难以掌握、气泡计数困难、实验时间较长等因素的限制，教师常常会采用个人演示实验的方法或者只是简单用气泡多少定性地描述光源距离与光合作用之间的关系。但是想要培养学生的实验技能和发展学生的实验探究能力，应该尽可能地开展实验。可以进行模拟实验，模拟实验具有操作简单、节省实验材料和时间等优点，在有限的时间里可以培养学生的数学技能、理性思维以及独立实验精神。

二、实验目标

1. 探究不同光照强度对光合作用的影响，为植物种植提供理论依据。

2. 通过模拟实验培养学生自主实验的能力。

3. 培养学生获取实验数据并且进行数量关系图形建构的能力，锻炼学生数学技能、培养理性思维。

三、材料用具

本实验为模拟实验，模拟实验由雷丁大学提供，模拟实验中用到的实验材料为伊乐藻，用具包括光源、尺子和计时器以及计数器，操作软件链接为 http://www.reading.ac.uk/virtualexperiments/ves/preloader-photosynthesis-full.html。

【方案实施】

一、实验步骤

1. 点击链接，找到模拟实验界面

2. 设置不同的光照强度

进入操作界面一（图 3.1），界面一包含光源、伊乐藻和一把直尺，可以通过调整光源与伊乐藻之间的距离来设置不同的光照强度。

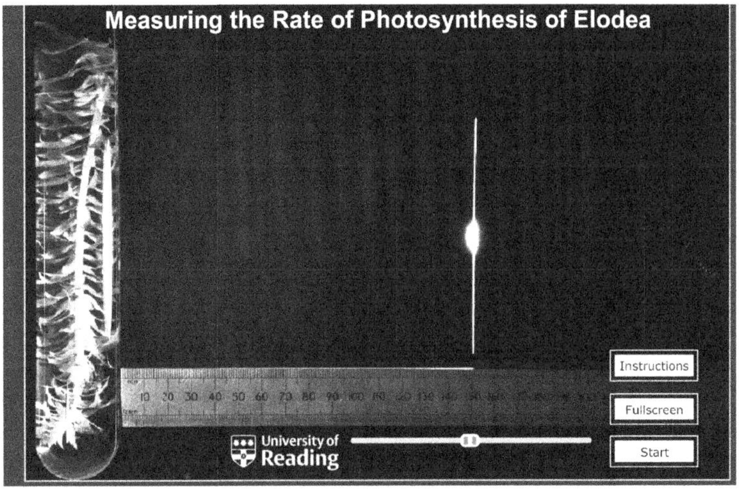

图 3.1　调整植物与光源距离界面

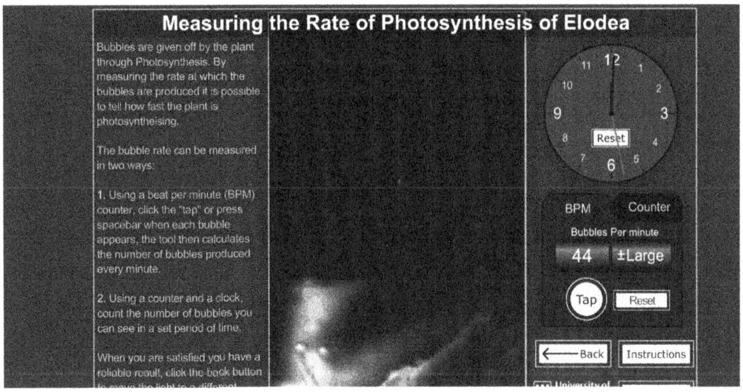

图 3.2　植物进行光合作用并进行气泡计数界面

3. 进行模拟实验

进入操作界面二（图 3.2），界面二包含实验现象（伊乐藻光合作用产生的气泡)、计数器和计时器、使用说明三部分内容,可以通过计时器和计数器检测出“光源与伊乐藻之间距离一定时,伊乐藻产生的气泡速率,即光合速率”。

二、实验记录

1. 根据学习过的光照对于光合作用的影响知识,提出你的假设。

2. 写出本次实验中的无关变量和因变量。

3. 制作表格收集数据。

三、结果评价

通过实验数据得出的结论与预期的结论是否一致?

四、交流讨论

在实验过程中,有同学发现如果光源离伊乐藻太近,产生的气泡太快难以计数,光源离伊乐藻的距离范围应该取多少合适?

【延伸拓展】

一、创造性思维

有同学提出,当光源离植物过近时可能会使植物周围温度升高,对实验结果产生影响,对此你有什么方法解决这个问题?

二、批判性思维

有人说,模拟实验能够减少模式动物的使用,或者减轻实验对动物带来的伤害,可以替代真实实验。但也有人认为模拟实验不具有科学性,不可以替代真实实验,对此你怎么看?

【教学案例】

IB DP 生物学课程中结合信息技术实验教学案例及分析

(本文发表于《生物学教学》2018 年 12 月刊)

国际文凭(International Baccalaureate,IB)是由国际文凭组织(International

Baccalaureate Organization, IBO)推出的课程和考试项目，大学预科国际文凭课程(Diploma Program, DP)则是其面向全球16～19岁优秀高中生开展的课程。与国内普通高中开展的生物学课程不同的是，IB DP生物学课程多形式、多渠道地将信息技术应用到生物学实验教学中，如利用计算机进行文献搜索、生物大分子的三维模型观察与建构、实验数据分析，以及计算机模拟实验、应用软件分析数据等实验的开展，下面以实验教学案例展现和分析的形式，简要介绍信息技术在IB DP生物学实验教学中的应用。

一、IB DP生物学课程的特点

IBO的成立是为了解决因国际商务和公务交流产生的“移动家庭”子女教育问题，并得到了联合国教科文组织的认可与支持，全世界IB学生使用相同的教学大纲，参加全球统一考试，试卷的批阅和成绩由IB总部统一发布，学生凭借IB文凭可直接申请世界众多高校，其中DP课程更被视为通向世界名牌大学的通行证[1]。

IB DP生物学课程的总体特色是“轻知识、重技能”，强调实验教学的过程性和方法，旨在关注学生知识的生成过程，培养学生解决问题的能力，全方面提高生物学素养，在情感教育上则充分体现了以人为本、尊重生命的课程目标。课程内容上主要分为理论教学和实践探索两个部分，分别占总分值的80%和20%。为了满足不同学生的学习需要，开设了高水平和标准水平课程，课程内容也因标准不同而有所差别。理论教学内容分为核心内容和选修内容两部分，表现出的特点是与生命科学的前沿知识联系紧密，学生更接近当代科学界的热点问题；教师根据学情和教学需要重新整合大纲，加强知识的系统性；选修内容多为开放性主题，主要为论述类问题。

实践探索的评价方式为内部评价，老师依据学生的实验报告以及五项评价标准进行评分[2]。实验教学所表现出来的特点是：实验内容可由教师根据学校实验条件和学生需要进行合理安排，实验类型包括观察、验证、探究型、数据分析型以及跨学科实验等，重视学生自主设计实验、对数据进行处理分析以及对实验结果进行讨论分析等能力的培养；在教学手段上表现出来的特点是与先进的实验设备相结合，如传感器在多类探究实验中的运用；与计算机的使用也非常紧密，如计算机模拟实验、数据库分析实验、数据采集实验、应用软件分析数据、对数据作图等实验的开展。

二、数学技能培养——以“检测细胞液容量渗透压摩尔浓度”实验为例

1. 课堂实录

该实验探究内容为“利用鹌鹑蛋检测细胞液容量渗透压摩尔浓度”，实验教学可分为两大部分，一是实验数据的获得，二是对实验数据进行处理和分析从而进行数学模型建构，其中第二部分是该实验教学的重点。整个实验设计思路为将去壳鹌鹑蛋放置在质量分数分别为0%、5%、10%、15%、20%的蔗糖溶液中，分别在第0、10、20、30、40、50、60 min内检测其质量，利用Excel软件将实验数据进行处理，构建鹌鹑蛋质量与蔗糖溶液浓度之间的关系图像，从而算出鹌鹑蛋内溶液容量渗透压摩尔浓度。

在该实验教学中教师将班级学生分为4组，每组2人，每组学生独立进行实验，获得的数据作为平行实验数据共享。老师给学生发放两张指导单，第一张为实验过程指导单，第二张为实验数据处理指导单，根据指导单学生小组独立进行实验，上课学生属于高二年级，实验时间为一节课85分钟。

通过课堂观察发现，当有个别学生需要指导时，老师会俯身去解释引导，其余时间老师则做着自己的事情。学生表现出来的特点则是以多种形式记录实验数据，如用纸、笔画表格记录数据、利用计算机建立Excel表格记录数据、用手机拍照或者拍视频；合作意识强，如小组内部的实验分工和小组之间的数据共享；安全意识较强，如实验操作过程中佩戴手套和围裙；操作过程科学规范，如给不同实验组贴上标签、每次都是同一位学生称取鸡蛋的质量、仔细用吸水纸吸干鸡蛋表面的水分等；计算机的操作能力较强，能够根据实验数据处理指导单做出实验标准误差（如图3.3所示），构建数据关系图像等。

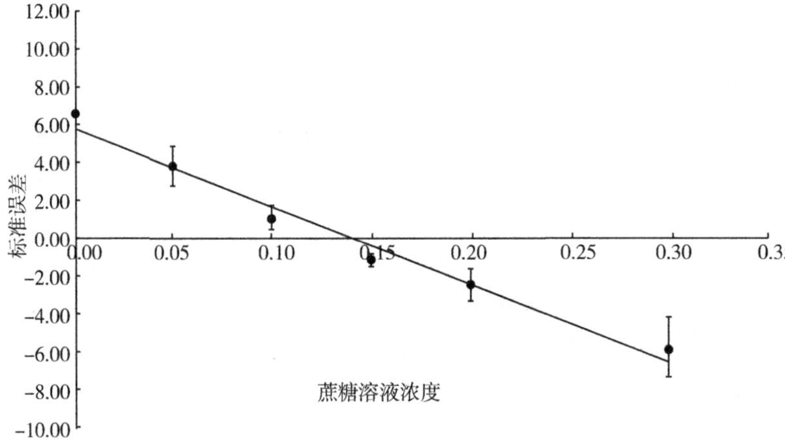

图3.3 标准误差与蔗糖溶液浓度之间的关系

2. 教学分析

本节课的教学目的主要有两个：一是让学生学会如何检测细胞液容量渗透摩尔浓度；二是学会如何利用 Excel 对实验数据进行误差分析。教学组织上，老师通过给学生发放指导单，让其小组合作独立完成实验，学生个人独立完成实验数据处理和分析，培养了学生独立实验以及自主学习的能力。本节课利用信息技术主要实现了对于实验数据的收集，实验数据分析包括平均值的计算、实验误差的分析，以及对于数学模型的构建，对于学生严谨的科学思维以及数学技能的培养是必要和高效的。

三、基于软件分析的实验教学——以“外界因素对种子萌发的影响”实验为例

1. 课堂实录

本实验主题为“外界因素对种子萌发的影响”，是以学生个人为单位的探究活动。教师给学生提出实验主题后，要求学生通过文献阅读提出探究问题、实验设计方案、进行实验、实验数据采集和分析、得出实验结论并进行评价和改进。经过观察，大多数学生选择的自变量有“温度”“培养液 pH 值”“赤霉素”“光照强度”等，将胚芽的长度作为因变量即实验指标。其中有部分学生没有实验思路去寻求教师的帮助，并在实验报告中如实标注在哪个方面得到教师的帮助，这也是 IB 课程对教师和学生实事求是精神要求的体现。学生们利用教师提供的黄豆、绿豆、红豆等实验材料，借助实验仪器，在学科教室内进行实验，整个实验持续数周，学生每天在同一时间进行实验观察记录，利用软件进行数据采集、分析（在教室内上课时也可以进入实验操作）。

2. 教学分析

这个实验在人教版《高中生物学　必修 1　分子与细胞》中也是一个探究实验，不同的是 IB DP 生物学课程中利用“ImageJ”软件对种子的胚芽进行数据采集及分析，具体操作步骤为：先将各实验组的种子萌发情况拍照，标上序号和日期，有一点值得注意的是，拍照时需要在胚的旁边放一把卡尺作为长度参照，然后利用软件对图片中胚芽的长度进行统计分析，这样也解决了弯曲的茎难以测量的难题（如图 3.4 所示）。

图 3.4　对种子发芽情况进行拍照

四、基于传感器的实验教学——以“设计并制作生态缸并检测其稳定性”实验为例

1. 课堂实录

本实验主题为“设计并制作生态缸并检测其稳定性”，是以小组为单位的探究活动，同样本实验在学科教室内进行，整个实验持续数周，学生每天同一时间进行实验观察记录，利用传感器进行数据采集、分析。

2. 教学分析

在人教版《高中生物学　必修 2　生物与环境》第 3 章第 5 节“生态系统的稳定性”中设有同样的探究实验——“设计并制作生态缸，观察其稳定性”，在实验方法上主要利用了观察法，即将生态缸内的生物种类和数量作为实验的观察指标，是对实验结果的定性分析，而 IB DP 生物学课程中利用氧气和二氧化碳传感器这一电子设备对本实验进一步做了定量检测(如图 3.5 所示)，从而加强了对学生的数学技能和科学思维的培养。

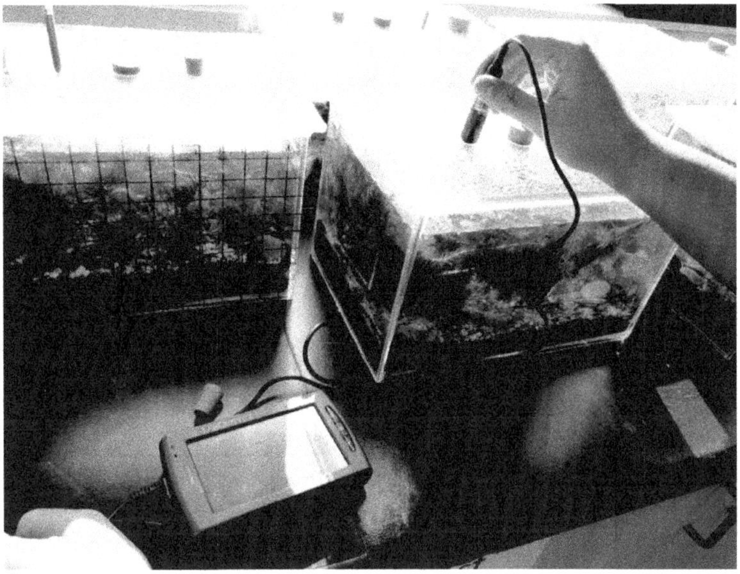

图 3.5　利用传感器对生态缸内液体溶氧量进行检测

《普通高中生物学课程标准》(2017 年版)在实施建议中提到学校和教师应该积极开发和利用信息技术课程资源,这对于学生理性思维、科学探究能力的培养是非常关键的[3]。通过以上 IB DP 生物学实验教案的分析我们可以看出,信息技术在生物学教学中的应用形式可以是多种多样的,信息技术的应用为培养学生数学技能提供了便利和高效的途径,从而进一步提升其解决问题能力和创新能力。

参考文献:

[1] 张红.IB 课程在中国[J].天津市教科院学报,2014(1):56.

[2] 姚舒,崔荣荣.生物学 IB 课程内部评估模型评介[J].生物学教学,2017,42(9),10-12.

[3] 中华人民共和国教育部.普通高中生物学课程标准[M].北京:人民教育出版社,2017:5.

第四节　与美术学科融合:植物敲拓染

【实验准备】

一、实验背景

植物世界丰富多彩,我们可以通过摄影、制作植物标本、进行草木染等多种方式展示植物世界之美,植物敲拓染也是其中的一种方式。它是通过敲击植物的花、茎、叶,让植物汁液渗入纤维织物的工艺手法,将植物叶片、花瓣中的颜色、叶片轮廓及脉络纹理拓印下来,留下自然的颜色、形状和造型,并长久保持形态和色彩的完整,产生独特的艺术效果。因其操作简单,安全性强,十分适合组织学生开展,一方面让他们认识植物的多样性,另一方面还能培养学生的审美能力。

二、实验目标

1. 知道通过敲拓染的方式能够记录植物叶的色彩、外形等信息。
2. 初步学会敲拓染这一方法,并在多次操作中感悟“工匠精神”。
3. 体验用敲拓染方法制作植物叶标本活动,对探索自然奥秘保持兴趣。

三、材料用具

植物叶片、花瓣等植物材料,小锤子,宣纸(或布袋),吸水纸。

四、安全提醒

1. 采集植物材料时注意自身安全。
2. 注意锤子、枝剪等工具的使用方法。

【方案实施】

一、实验步骤

1. 植物的选取采集

选取新鲜的植物;花和叶要带有一点汁液,但不宜太多;采用质地轻薄、叶脉清晰且突出的叶子;选择颜色鲜艳、色彩明亮的花。

2. 平铺植物

将植物铺展在布料(束口袋)上;花草叶子上需平铺纱布,敲拓时保护纹路;花正面紧贴布面,以便于花汁色素渗透;叶背面紧贴布面,以便于叶脉轮廓成型。

3. 拓印

敲击时不用太大力,敲击直至植物的色素出来即可;先敲粗茎再敲细茎,先敲叶脉再敲叶肉;随时观察敲击是否均匀、完整。

注意:敲击的力度要根据植物叶的老嫩程度进行掌控;敲击的角度要竖直,榔头不可倾斜;叶的每个部分都要敲击到位,叶脉处可敲得稍重些。

4. 固色

拓印后的布料一般选用盐水浸泡半小时以上,有利于颜色的保持。

二、实验记录

1. 选用的植物材料有哪些?

2. 敲拓染完成后的效果图是怎样的?

三、结果评价

敲拓染完成后,在布料等载体上的实际效果怎样?

四、交流讨论

进行敲拓染过程中,你是否归纳出了不同材料的敲打技巧?

五、清洁整理

清理所有的器材,并放到指定的位置,清洁桌面。

【延伸拓展】

一、创造性思维

植物材料的正面或反面敲拓染效果分别是怎样的?请给将要进行植物敲拓染的实验者一些你的建议。

二、批判性思维

有同学认为植物敲拓染更像美术课，生物学科的科学特质体现不够，你是如何看待这种说法的呢?

第五节　多学科融合：人类 ACE 基因的基因型鉴定

【实验准备】

一、实验背景

血管紧张素转换酶（Angiotensin Converting Enzyme，ACE）基因是第一个被广泛研究的“运动基因”，与进行耐力运动的能力密切相关。ACE 基因第 16 号内含子存在一段长度为 287 bp 的插入（Insertion，I）或缺失（Deletion，D），一般来说，进行耐力运动的能力与 ACE 基因的关系是：II 型＞ID 型＞DD 型。通过数据库下载人类 ACE 基因序列，在插入或缺失位点两端设计特异性引物，II 型扩增片段长度约为 480 bp，DD 型扩增片段长度约为 190 bp，ID 型扩增片段有约 190 bp 和 480 bp 两个片段，从而可通过 PCR 技术鉴定 ACE 基因的基因型。

二、实验目标

1. 通过获取口腔上皮细胞基因组、PCR 技术及琼脂糖凝胶电泳等实验操作，鉴定学生的 ACE 基因的基因型。

2. 学会分析不同类型的琼脂糖凝胶电泳条带，并计算基因型频率及基因频率。

三、材料用具

1. 实验器具：PCR 扩增仪、PCR 反应管、微量移液器、电泳仪、电泳槽、制胶槽、离心管、水浴锅、DNA 图谱观察仪、锥形瓶、量筒、电子天平、一次性纸杯等。

2. 实验试剂：生理盐水、超纯水、细胞裂解液（1M Tris 10 mL，500 mM EDTA 1 mL，NaCl 1.17 g，10% SDS 2 mL，加超纯水定容至 100 mL）、琼脂粉、急速 PCR 反应预混液、50×TAE 缓冲液、核酸荧光染料、加样缓冲液、DNA 分子量标准液、引物（ACE-F：5′-CTGGAGACCACTCCCATCCTTTCT-3′，ACE

-R：5′-GATGTGGCCATCACATTCGTCAGA-3′）等。

四、安全提醒

1. 使用离心机时，注意样品要配平。

2. 使用微波炉加热溶解琼脂粉时，小心烫伤。

【方案实施】

一、实验步骤

1. 口腔上皮细胞的获取及基因组提取

用舌头舔上颚并用牙齿刮颊部，用分泌出的唾液反复漱口，将得到的唾液吐到一次性纸杯中，使用微量移液器吸取 500 μL 唾液至 1.5 mL 离心管中，12 000 rpm 离心 1 min，倒掉上清。向离心管中加入 500 μL 生理盐水洗涤（使用微量移液器吸吹几次），12 000 rpm 离心 1 min，倒掉上清。向离心管中加入 200 μL 细胞裂解液，充分混匀后，55 ℃水浴 2 h，85 ℃水浴 3 min，12 000 rpm 离心 1 min，待用。

2. PCR 反应

取一个 PCR 反应管，按照表 3.1 向 PCR 反应管中加入各试剂，反应体系总体积为 20 μL。将 PCR 反应管放入 PCR 扩增仪，按照表 3.2 设定反应程序。

表 3.1　PCR 反应体系

反应试剂	体积
急速 PCR 反应预混液	10 μL
超纯水	6 μL
引物（ACE-F、ACE-R）	2 μL
基因组 DNA （口腔上皮细胞处理得到的上清液）	2 μL

表 3.2　PCR 反应程序

过程	温度	时间	循环次数
预变性	95 ℃	3 min	

（续表）

过程	温度	时间	循环次数
变性	95 ℃	10 s	25 次
退火	55 ℃	10 s	
延伸	72 ℃	10 s	
终止延伸	72 ℃	3 min	

3. 琼脂糖凝胶电泳及观察

将 50×TAE 缓冲液稀释为 1×TAE 缓冲液，向锥形瓶中加入 25 mL 1×TAE 缓冲液，称取 0.25 g 琼脂粉加入至锥形瓶中，微波炉加热使琼脂粉充分溶解，倒入制胶槽中，并插入制胶梳。待胶凝固后，小心地拔出制胶梳，把凝胶点样孔一端靠近负极方向，放入电泳槽，并在电泳槽中倒入约 100 mL 1×TAE 缓冲液。待 PCR 程序结束后，取出 PCR 样品，在 PCR 反应管中加入 1 μL 加样缓冲液和 1 μL 核酸荧光染料，充分混匀，吸取 10 μL 样品加入凝胶的点样孔内。盖好电泳槽盖子，连接正负极，在 150 V 恒压条件下电泳 12 min 左右。电泳结束后，将凝胶放置入 DNA 图谱观察仪中，打开开关，进行观察。

二、实验记录

绘制或拍摄你观察到的琼脂糖凝胶电泳条带图谱。

三、结果评价

你是否观察到清晰的电泳条带？你的 ACE 基因的基因型是哪种？你所在班级的 ACE 基因的基因型频率、基因频率分别是多少？

四、交流讨论

展示你的电泳条带，与其他同学的电泳条带进行对比，看看你们的 ACE 基因型与你们的体育成绩是否有一定关联，并对实验过程中遇到的问题进行分析讨论。

五、清洁整理

清理所有的仪器，并放到指定的位置，清洁桌面。

【延伸拓展】

一、归纳与概括

若某同学未成功观察到电泳条带，可能是实验过程中哪些步骤出错？

二、演绎与推理

PCR 反应过程中设定的退火温度有哪些影响因素？你能否设计实验，进一步探究不同退火温度对 PCR 产物的影响？

第四章　大学先修实验课程

大学先修实验课程是指可以在高中开设的具有大学水平的生物实验课程，旨在让学有余力且对生命科学领域感兴趣的高中生及早接触大学生命科学专业的实验课程内容，接受大学思维方式、学习方法的训练，让学生真正享受到最符合其能力和兴趣水平的教育，帮助其为大学学习乃至未来的职业生涯做好准备；同时也为深化我国高中教育教学改革，推进我国人才培养模式改革起到积极的促进作用。课程符合《习近平总书记教育重要论述讲义》的科学内涵，符合“三新”(新高考制度、新课程、新教材)背景下的高中生物学科教学方案，与当前高考改革方案遥相呼应。

第一节　植物表皮和气孔运动的观察

【实验准备】

一、实验背景

表皮属于植物的保护组织，覆盖于初生根、茎、叶、花、果实与种子的表面，起源于初生分生组织的原表皮层，通常由单层径向扁平的生活细胞构成，少数植物的表皮可达 2～3 层细胞，称复表皮，如夹竹桃、印度橡皮树。表皮细胞通常呈长方形、长柱形、多边形或不规则波纹形，彼此牢固嵌合，排列紧密，在显微镜下易观察。高中生物学教材常提到的气孔，就属于表皮细胞特化的结构。观察植物的表皮和气孔的运动实验可以帮助学生深入认识植物的结构，锻炼学生制作临时装片的技能和操作显微镜的技能。

二、实验目标

1. 掌握制作植物表皮细胞临时装片的方法。
2. 在显微镜下观察植物表皮细胞，观察气孔的运动。
3. 观察植物表皮毛结构。

三、材料用具

植物叶片、花瓣等植物材料，镊子，载玻片，盖玻片，数码显微镜，清水，5%甘油溶液，一次性滴管，吸水纸，塑料袋，枝剪。

四、安全提醒

该实验用到尖头镊子和枝剪，需注意自身安全。

【方案实施】

一、实验步骤

（一）表皮细胞、气孔结构的观察

1. 植物的采集

选取新鲜植物的叶片和花瓣，如洒金珊瑚、吊兰、菠菜叶、康乃馨，建议选择质地较硬的叶片，比较容易制作临时装片。

2. 临时装片的制作

可先用手将叶片撕成两半，再用尖头镊子撕取肉眼可见的透明表皮，将撕下的表皮放在滴加清水的载玻片上，展平，盖上盖玻片，注意不要产生气泡。

3. 显微观察

将载玻片放置在载物台上，调节显微镜，在视野下找到表皮结构和气孔，拍照记录。

（二）气孔运动的观察

选择气孔较大的植物，用尖头镊子撕取一小片下表皮，浸入有水滴的载玻片上，盖上盖玻片后立即在显微镜下观察；在盖玻片的一端用滤纸吸去水，在另一端滴加5%甘油溶液，使甘油溶液浸润表皮细胞，持续观察；再用水取代甘油，重复观察实验。

（三）表皮毛的观察

选取紫鸭跖草叶片为实验材料，用镊子夹取叶片表面的绒毛，放在滴加清水的载玻片上，盖上盖玻片，即可进行显微观察。

二、实验记录

1. 绘制在显微镜下观察到的表皮结构。

2. 观察比较同一片叶子上表皮的气孔数量和下表皮的气孔数量是否相同。

三、结果评价

显微镜下观察到的表皮细胞是否清晰？有无多层细胞重合现象？气孔的运动现象是否明显？

四、交流讨论

1. 如何操作能够又快又好地制成表皮细胞临时装片？

2. 表皮毛细胞的形态如何？

五、清洁整理

关掉显微镜，罩上防尘罩，清洗实验所用器材，并放至指定位置，清理台面，擦干工作台。

【延伸拓展】

一、创造性思维

哪些因素可能会影响气孔的开闭？能否设计实验加以证明？

二、批判性思维

所有植物的表皮都有气孔吗？结合植物生境特点，说说你的想法，并进行实验验证。

第二节 植物细胞后含物的观察

【实验准备】

一、实验背景

细胞中除有生命的原生质体外，还有许多非生命物质，包括后含物和生理活性物质。后含物是植物细胞在新陈代谢过程中产生的各种非生命物质。它们以成形或非成形形式分布在细胞质或液泡内。后含物种类较多，一类是植物体的贮藏物，具有营养价值；一类是细胞的代谢废物；还有少量植物生理活性物质。

在植物细胞内，淀粉由白色体(造粉体)合成，以淀粉粒形式贮存在植物根、地下茎和种子的薄壁细胞中。淀粉粒是淀粉围绕淀粉粒的核心(脐点)，由内向外层层沉积，并由直链淀粉与支链淀粉交替沉积而成，这两种淀粉对水的亲和性不同，遇水膨胀不一，显示折光差异，在光镜下可见层纹，形成多样的形态：圆球形、卵圆形、多面体等。

植物体在代谢过程中产生的草酸与钙盐结合形成显微镜下可见的草酸钙结晶，它可以减少过多的草酸对植物所产生的毒害，被认为具有解毒作用。草酸钙结晶为无色半透明或稍暗灰色，以不同的形状分布于细胞液中，通常一种植物只能见到一种晶体形状，但少数植物也有两种或多种形状的，如曼陀罗叶含有簇晶、方晶和砂晶。草酸钙结晶在植物体中分布很普遍，随着器官组织的衰老，草酸钙结晶也逐渐增多，但其形状和大小在不同种植物或在同一植物的不同部位有一定的区别，可作为中药材鉴定的依据之一。

观察植物细胞淀粉粒和草酸钙结晶，可以帮助学生深入理解植物细胞内部的生理构造。

二、实验目标

1. 制作临时装片，观察植物细胞的淀粉粒结构，鉴别不同类型的淀粉粒。
2. 观察植物细胞内的草酸钙结晶。

三、材料用具

马铃薯、绿萝叶柄、镊子、刀片、解剖针、载玻片、盖玻片、数码显微镜、清水、碘液、一次性滴管、吸水纸。

四、安全提醒

该实验用到刀片，需注意自身安全。

【方案实施】

一、实验步骤

（一）淀粉粒的观察

1. 制作淀粉水装片

用镊子或刀片在马铃薯块茎的断面上轻轻刮一下，将附着在刀口附近的浆液放在载玻片上，加清水 1 滴，用解剖针调均，制成临时水装片。

2. 观察淀粉粒形态水装片

在显微镜下观察临时装片。先在低倍镜下进行观察，将淀粉粒稀少分散的部位移至视野中央，再换高倍镜仔细观察，可见椭圆形、卵形或圆形等大小不等的淀粉粒。调节光圈，减弱光强度，可见淀粉粒上有一个偏在淀粉粒一端的中心，即为脐点，围绕脐点有许多明暗相间的层纹，在视野中除了有单粒淀粉粒外，还可见到复粒淀粉粒和半复粒淀粉粒。

3. 染色观察

从载物台上取下制片，在盖玻片的一边加上一滴碘液，同时用吸水纸从盖玻片的另一侧吸除，再置显微镜下观察，观察颜色变化。

（二）草酸钙的观察

1. 制作临时装片

取绿萝叶柄，用刀片横切出薄片，放在滴有清水的载玻片上，盖上盖玻片。

2. 在显微镜下找到草酸钙结晶的结构，拍照记录。

二、实验记录

1. 绘制在显微镜下观察到的淀粉粒。

2. 拍照记录绿萝叶柄草酸钙结晶的结构。

三、结果评价

你能找到几种淀粉粒结构？绿萝叶柄草酸钙结构是否清晰？

四、交流讨论

1. 淀粉粒的结构有几种?
2. 如何操作能够看到清晰的草酸钙结构?

五、清洁整理

关掉显微镜,罩上防尘罩,清洗实验所用器材,并放至指定位置,收理垃圾,擦干工作台。

【延伸拓展】

一、创造性思维

不同植物不同部位的后含物数量相同吗?同一植物不同生长发育阶段后含物数量相同吗?说出你的猜想,并尝试用实验进行验证。

二、批判性思维

一种植物细胞只有一种形态的草酸钙结晶吗?请你尝试观察多种植物细胞,找到答案。

第三节　克氏原螯虾解剖实验

【实验准备】

一、实验背景

通过对克氏原螯虾(俗称“小龙虾”)的解剖和观察,让学生掌握节肢动物门甲壳动物亚门的重要形态特征,如节肢动物门出现了异律分节现象和多样的呼吸排泄器官等,通过观察和解剖,认识动物形态结构和功能是统一的,理解小龙虾对生活方式和环境的适应性特性。

二、实验目标

1. 理解小龙虾的形态结构和机能,掌握甲壳动物的主要特征。

2. 认识几种甲壳亚门的重要类群代表动物。

三、材料用具

小龙虾活体、解剖工具、解剖盘、放大镜等。

四、安全提醒

注意剪刀、解剖针的正确使用。

【方案实施】

一、实验步骤

1. 观察小龙虾的运动

观察水族箱中的小龙虾的运动方式,注意其在行走、游泳和取食时各附肢的运动情况,用玻璃棒触动虾体,观察其在受到较大干扰后的运动方式。

2. 观察小龙虾的外形

取一只小龙虾置于解剖盘内,注入清水,进行观察:小龙虾身体分头胸部和腹部,体壁为几丁质的外骨骼,体色近为红棕色。

(1) 头胸部:头胸甲包在整个头胸部外面,约占体长的一半。头胸甲向前端中央延伸形成 1 个侧扁的棘状突起,为额剑;额剑上下缘有锯齿,锯齿的数量和分布是分类的依据之一。额剑基部的下方两侧各有一个粗短的眼柄,端部生有复眼。

(2) 腹部:小龙虾腹部长而侧扁,明显分为 6 个体节,其后为 1 尾节。尾节扁平,腹面正中有一纵裂缝,为肛门。

(3) 附肢:19 对。各附肢内肢和外肢的结构与机能变化非常大。左手持虾,使其腹面朝向观察者,仔细观察小龙虾各附肢的形态和着生位置。将一侧的附肢从前到后依次取下,按顺序放在解剖盘内(摘取附肢时,用镊子夹住其基部向外拔,保证所取附肢的完整)。

头胸部及腹部附肢由前到后依次为:

头部附肢:共 5 对,2 对触角,1 对大颚和 2 对小颚。眼柄内侧、额剑下方有 1 对小触角,末端为细的触鞭。眼柄下方为 1 对大触角,触鞭很长,基节腹面有排泄孔。大颚坚硬,分为门齿部和臼齿部,门齿部扁平,边缘有小齿,可切断食物,臼齿部的齿面有小突起,可研磨食物。第 1、2 小颚原肢由片状的两节组成,其中第 1 小颚内肢演变为小颚须,外肢退化,第 2 小颚内肢细小,外肢发达,扁平宽大，称为颚舟片，具有拨动水流、促进鳃室内水循环的功能。

胸部附肢：共 8 对，第 1、2、3 对为颚足，原肢两节，基部具鳃，外肢片状，内肢 5 节，均多毛。第 1 颚足内肢细长，第 2 颚足内肢较粗短，末端两节折向基部，第三颚足细长，雌雄虾的末端两节形态各异。步足 5 对，具有捕食和爬行功能，原肢两节，外肢短小，内肢 5 节。前 3 对步足末端呈钳状，后两对步足末端似爪。

腹部附肢：共 6 对，适于游泳，原肢一节，内、外肢均不分节，边缘密生硬毛。第 6 对足的内肢和外肢宽大，称尾足，与尾节共同组成尾扇。雄虾第一腹肢的内肢特化为交接器，雌虾的内肢极小。

3. 小龙虾的解剖

用解剖剪将左侧头胸甲的下半部剪开并移去，可见鳃腔内的鳃。小心分离头胸甲上半部与其下器官的联系，完全移去左侧头胸甲，进行如下观察：

（1）鳃

小龙虾在第 2、3 颚足和第 1～5 步足基部有 7 对羽状的足鳃。

（2）生殖系统

小龙虾雌雄异体。生殖腺位于围心窦腹面，紧贴围心窦，用镊子推开心脏即可见如下结构：雄性具精巢一对，白色。轻提精巢向侧下方发出 1 条细长的输精管，雄性生殖孔位于第五步足基部内侧。雌性有卵巢一对，卵巢大小和形状随发育时期不同而有很大差别。每侧卵巢发出 1 条短小的输卵管，其末端开口位于第 3 对步足基部内侧的雌性生殖孔。

（3）消化系统

用镊子移去生殖腺，可见其下方两侧各有一大团黄褐色的肝，移去一侧的肝，可见其下方囊状的胃。胃分为贲门胃和幽门胃两部分，额剑后下方，较大且壁薄的为贲门胃，透过胃壁可见其内的深色食物，贲门胃之后较小的圆囊为幽门胃，壁较厚。剪开胃壁，可见贲门胃内有 3 个钙齿组成的胃磨，幽门胃内具刚毛。用镊子轻轻提起贲门胃，可见其前面腹部连一短管，为食道。幽门胃后、肝之间为较短的中肠。中肠之后，贯穿整个腹部的薄壁细管为后肠，透过肠壁可见内有深色食糜。肛门开口位于尾肢与尾节之间。

（4）排泄系统

除去贲门胃和肝，在大触角基部外骨骼的内侧，有一扁圆形腺体，为触角腺，是成虾的排泄器官。由于生活状态下虾的触角腺成绿色，故又称绿腺。触角腺后接大而壁薄的膀胱，膀胱伸出短管，开口位于大触角基部腹面的排泄孔。

(5) 神经系统

用镊子将其他内脏器官除去，仅保留食道，用解剖刀自背侧向腹侧剖开肌肉，可看到腹面中央白色索状的腹神经链。腹神经链上有 5 个胸神经节和 6 个腹神经节。它们发出神经到相应的肌肉和器官。腹神经链位于第 12 节到 13 节体间，形成一环，胸直动脉由此通过。

二、实验记录

绘制小龙虾解剖内部结构图，并注明各部分名称。

三、结果评价

你绘制的小龙虾解剖内部结构图成功吗？如何辨认雌虾和雄虾？

四、交流讨论

展示绘制小龙虾解剖内部结构图，与其他小组交流绘制经验，对制作过程中遇到的问题进行分析讨论。

五、清洁整理

清理所有的仪器，并放到指定位置，清洁桌面。

【延伸拓展】

一、创造性思维

节肢动物门出现了一些特有的结构，如触角腺、马氏管等，其出现的意义在哪里？除了前面提到的结构，还有哪些是节肢动物门特有的？其进步意义是什么？

二、批判性思维

节肢动物门出现了异律分节现象，与环节动物门的同律分节现象相比是进化还是退化，为什么？节肢动物门不仅体节分节，附肢也分节，为什么？

第五章　实验课程的评价体系

第一节　指向育人范式转变的生物学实验课程评价方案

一、指导思想

全面贯彻党的教育方针，大力推进素质教育，体现国家基础教育课程改革的要求，发挥评价的诊断、引导、激励作用，通过对学生综合素质的发展性评价，促进学生身心健康成长与和谐发展；通过对学生学业的发展性评价，促进学习方式的改进和完善，激发学生强烈的进取意识和创新精神，从而为学生终身发展奠定坚实基础。

二、基本原则

1. 坚持形成性评价与终结性评价相结合的原则，突出过程性评价的功能和价值。

2. 坚持质性评价和定量评价相结合的原则，提倡评价方式的多元化。

3. 坚持全面发展和特长发展相结合的原则，既统一要求，又关注差异，为学生有个性、有特色发展提供更大空间。

4. 坚持实事求是、诚信公正的原则。

5. 发挥学生评价的主体作用，促进学生主动发展。

三、评价方法

评价要重视学习过程的评价，建立学生学习记录卡，在不同的学习方式中应采用不同的评价策略，重视纸笔测验，检测学生知识性目标的达成情况。对于学生参与的实验和实践活动，应根据学生参与的态度、时间、操作技能、行为表现等给予评价。实验中，评价要根据实验操作的各项要点，进行量化评价。对于探究活动要从多侧面评价学生探究能力。可以根据探究类型来设计。根据学校学生发展评价细则要求，评价主要采取学分绩点形式。学分的给定考虑了三方面的因素：一是学生学习该课程的学时总量，不同的学时给不同的分数；二是学生在学习过程中的表现，如态度、积极性、参与状况等，由任课教师综合考核后给出一定的分值；三是学习的客观效果，教师采取适当的方式进行考核，如通过学生的论文撰写与交流、图纸设计、优秀图片展览、学生互（自）评报告、学习体会文章等，来评价学生所学课程内容相关知识、生物科学研究探究能力、文字及语言表达能力、合作精神与能力、动手能力等。

例如，量表是对高中生物实验设计和实验探究能力评价的有效工具，因此可设计量表进行评价，PTA 量表法作为一种开放性评分工具，在评价科学探究能力方面能起到一定的作用。PTA 量表的理论假设是：任何一种行为表现，包括行为的和认知的，都会有一系列基本要素，这些要素构成学生学习某些知识、技能或行为表现的基本单元。教师只要将学生在这些基本单元的行为表现进行评定，则学生在完成这些具体任务时的总体特征就可以得到适当的评定。

PTA 量表评定的程序大致如下：①确定对评价起重要作用的要素。②为每一个要素建立评价量表，用描述性的语言准确详细地阐述每一个表现水平。③使用量表来评价学生的表现，并根据需要进行修改和调整。

设计实验方案的 PTA 量表前要制定一个完善的实验方案，学生必须具备以下能力：明确实验目的、陈述自变量和因变量的关系、描述观察或测量变量的方法、列出重要的步骤和实验器具等，如表 5.1 所示。

表 5.1　设计实验方案能力的 PTA 量表

任务	要素	评分标准	分值(分)
制定实验方案	1. 陈述自变量和因变量的关系	可以说出自变量、因变量，并指出其间的关系	2
		可以说出自变量、因变量，不能指出其间的关系	1
	2. 具有控制变量的意识	准确说出实验中的无关变量，及其与因变量的关系，并控制单一变量	3
		能说出一些实验中的无关变量，及其与因变量的关系，并控制单一变量	2
		只能不全面地说出一些实验中的无关变量，但不能控制单一变量	1

（续表）

任务	要素	评分标准	分值(分)
制定实验方案	3. 描述观察或测量变量的方法	选用合适的方法对因变量进行观察或测量，且实际操作简便可行	3
		选用的方法可以观察或测量因变量，但实际操作不可行	2
		不能选择合适的方法观察或测量因变量	1
	4. 列出重要的步骤和材料用具	步骤完整，条理清晰，实验材料选择恰当且能对其进行适当的处理后用于实验，可操作性强	3
		步骤完整，条理清晰，但是对实验材料的处理不到位	2
		步骤不够完整，条理不够清晰	1
	5. 设计表格记录实验数据	表格设计合理完整，记录及统计的数据一目了然	2
		表格设计不够完整	1
	6. 资料收集	查阅的资料详尽	2
		能查阅一定的资料，但不全面	1

要实施已制定的实验方案，学生必须具备以下能力：执行探究方案中规定的步骤、记录实验现象和数据、重复收集实验数据、处理实验数据，量表制定如表5.2所示。

表5.2　实施实验方案能力的PTA量表

任务	要素	评分标准	分值(分)
实施探究方案	1. 执行探究方案中规定的步骤	能执行探究方案中规定的步骤，动作规范、仔细、迅速	3
		能执行探究方案中规定的步骤，动作有所欠缺	2
		不能很好地执行探究方案中的步骤	1
	2. 记录实验现象和数据	能准确地描述实验现象，记录实验数据	2
		能记录实验数据，但不能很好地描述实验现象	1
	3. 重复收集实验数据	能找出实验的缺陷，改进之后重复实验并收集数据	3
		能重复实验收集数据，但不能做出改进	2
		不能重复实验收集数据	1
	4. 处理实验数据	能够科学处理收集到的数据	2
		不能科学处理收集到的数据	1

教师根据量表评价具体实验设计和操作过程中的实验实施能力(进行打分),量化科学探究能力的评价,提高评价的可操作性和科学性。利用PTA量表对各要素以及各要素中不同水平进行打分,有利于学生反思探究过程,发现自身不足,从而更有效地提高自身探究能力。

四、评价内容

1. 模块成绩(总分100分)

模块成绩=学习过程(40%)+达成性测试(60%)。

其中,学习过程=学习表现(20%)+任务完成(20%)。

(1) 模块学习过程性评价

模块学习过程性评价主要内容是学生的平时学习状况,包括学习表现评价、任务完成评价两项,由师生共同完成。学生评价由个人自评和由学习小组内同伴互评两部分组成,以质性评价的方式对自己和同伴的模块学习过程作出评价和建议,文字材料放入学生成长记录袋存档。教师根据日常观察记录和评价内容对所教每一位学生的模块学习过程作出客观定量评价。

① 学习表现评价的主要内容有出勤、学习态度(自觉性、主动性)、合作学习、积极思维以及对学习内容的理解和掌握情况(如单元测验成绩)等进行评价。

② 任务完成评价由书面作业评价(10%)和活动评价(10%)组成,任课教师根据书面作业安排及评分标准以及学科内研究性学习、学科活动、各级各类比赛来评定(部分可安排学生参与评定),相关要求和标准在每学期初向学生公布。

③ 教师完成评价任务后应将学习过程评价结果通知学生本人,且在教室里以适当方式公示,征求学生意见。校园网将自动记录、汇总教师评价活动情况。学生、家长、导师等人可随时上网查看记录,如有异议可向有关记录人或主管部门提出申诉。

(2) 模块学习达成性评价

模块学习要求原则上以国家学科课程标准为基准,参照江苏省高考考试说明。拓展课程、奥赛辅导依据学校制定的学习要求进行。

模块学习达成性测试由学校统一组织实施。

2. 学习评价细则

(1) 模块学习过程性评价细则

① 学习表现评价细则(20分,评价在每学期结束阶段进行)如表5.3所示。

表 5.3 学习表现评价细则

内容	分值	具体实施细则
出勤情况	5 分	(1) 满勤得 5 分; (2) 旷课 1 次扣 1 分; (3) 迟到 1 次扣 0.5 分; (4) 因病假缺勤的要有病假条,并由班主任签字,否则按旷课处理。
学习态度	5 分	以学科所有活动的平均分数分段计分。
课堂表现	5 分	(1) 课堂上能积极思维、讨论、提问、主动回答问题,与同学开展合作学习等,分段计分; (2) 出现与课堂学习无关行为 1 次扣 1 分; (3) 实验过程中故意损坏仪器、浪费药品等,则为不及格; (4) 若情节严重则上报学校给予行政处分,并计 0 分。
活动表现	5 分	积极参加生物学科各项活动,如:自主实验、创新实验、研究性学习、兴趣小组、奥赛等,依表现评分。

② 任务完成评价细则(20 分,评价在每学期结束阶段进行)如表 5.4 所示。

表 5.4 任务完成评价细则

内容	分值	具体实施细则
书面作业	10 分	(1) 以历次作业中教师评价的平均成绩计分; (2) 作业抄袭者不得超过 5 分。
阶段检测	5 分	根据阶段检测的平均成绩计分。
学科活动	5 分	完成规定的相关学科活动,如:显微照片拍摄、模型制作、自主实验方案实施、调查报告展示、科技论文写作、竞赛成绩等,按评定成绩分段计分。
备　注	(1) 在任务完成中有突出优异表现,教师有权给予奖励,原则上不突破总分 10 分,若突破总分需向课程与教学处说明,经同意后方可实行。 (2) 作业无故缺交次数超过 5 次等不良学习表现,任务完成评价得分不得超过 10 分,学校视情节轻重给予警告等行政处分。	

(2) 模块学习达成性评价细则如表 5.5 所示。

表 5.5 模块学习达成性评价细则

内容	分值	具体实施细则
模块理论测试	50 分	(1) 以国家学科课程标准为基准,参照江苏省高考考试说明进行,可以根据具体情况作适当改动。 (2) 由学校统一组织实施。

（续表）

内容	分值	具体实施细则
模块实验考查	10 分	(1) 通过抽签确定考查科目； (2) 考试前一天公示考查内容与要求； (3) 按现场实验考查分数计分。

生物学科过程性评价公示案例如表 5.6 所示。

表 5.6　生物学科过程性评价公示(高一班)

学号	姓名	显微镜使用	11.29 蛋白质	12.1 脂肪检测	12.2 化合物	12.14 期中	模型	12.28 代谢	出勤	学习态度	课堂表现	活动表现	书面作业	阶段检测	学科活动	学习表现	任务完成
110041	学生 1	7	6	8	92	75	5	60	5	5	0	5	9.38	4.5	5	94	89.38
110042	学生 2	8	9	4	68	77	5	65	4.5	5	2	3	9.52	4.5	4	85	85.12
110043	学生 3	7	6	4	64	67	4	60	5	4.5	3	2	7.48	4	4	91	72.42
110044	学生 4	10	0	6	80	80	6	60	5	4.5	4	2	8.81	3.5	5	97	81.54
110045	学生 5	7	10	6	100	72	6	60	4.5	4.5	3	2	9.2	5	4	88	86.00
110046	学生 6	0	10	5	76	85	5	50	5	5	3	2	9.08	4.5	4	94	82. 88
110047	学生 7	10	0	4	0	67	5	60	5	3	0	4	7.88	3	4	76	69. 42
110048	学生 8	10	6	0	80	82	6	60	5	4.5	5	2	8.76	4.5	4	100	81.31
110049	学生 9	10	8	4	60	74	4	60	3.5	4.5	3	2	7.91	4	4	82	74.54
110050	学生 10	6	9	4	80	79	5	80	5	5	3	2	9.02	5	4	94	85. 08

实验评价方案的实施在生物实验课程实施过程中切实起到了很好的功能，对于锻炼学生的实验动手能力、掌握实验的基本技能、培养观察能力、分析问题和解决问题的能力，激发探索求知的欲望和实现新课程理念都起到了非常大的作用。实验评价克服了学生实验操作的随意性和盲目性，评价量表中评价的项目较全面，要求学生按照表中项目自我对照，相互监督，利用评价量表的导向作用，使评价贯穿于实验的全过程。在实验前设计好评价量表分发给学生，在实验课上进行实验时指导学生对照评价量表进行自评，使实验过程中操作不规范的现象得到很大改观，实验纪律、实验安全、实验用品的保护和实验后的整理，都有很大进步。在自我评价和相互评价过程中，学生逐渐学会了合作和互相帮助，反思和发现自己的优缺点，能平等、公正地评价对方，虚心接受别人的批评，宽容对待同伴。这种评价方式不但激发了学生的参与热情，还为学生创造出轻松、平等的心理环境，增强了学习自信心，有益于学生的身心健康。学生潜移默化地接受了品德教育，促进了健康人格的发展。

第二节 生物学实验报告的撰写方法与范例

一、生物学实验报告的内涵

实验报告是描述、记录某一研究课题的实验过程和结果的文字材料。在科学研究、生产实践及教学活动中，人们为了验证某一科学理论或假说，通过实验中的观察、分析、综合、判断，如实地把实验目的、方法、过程和结果等记录下来，以简明扼要的语言写成的书面报告，通常叫作实验报告①。生物学是一门以实验为基础的科学，生物实验报告是生物实验的重要组成部分，撰写生物实验报告的能力是评价学生科学素质的重要内容。

二、生物学实验报告的种类

1. 按照实验对象划分

生物学下有许多分支学科，不同分支学科实验对象不同，生理学实验的报告可称为“生理学实验报告”，解剖学实验的报告可称为“解剖学实验报告”，生物化学实验的报告可称为“生物化学实验报告”等。

2. 按照实验目的划分

在高中阶段，不同实验的目的不同，如为了验证某种已形成的认识或提出的假说是否正确所进行的实验为验证性实验，描述、记录该类实验的报告可称为“验证性实验报告”；而用科学研究的一般方法对未知知识进行探索，从而获取新知识的实验为探究性实验，描述、记录该类实验的报告可称为“探究性实验报告”。

三、生物学实验报告的特点

1. 完整性

实验报告是实验全过程的忠实记录，应包含学生姓名信息、指导教师姓名信息、实验名称、实验目的、实验材料、实验过程及步骤、实验结果与结论等所有要素。

2. 真实性

实验报告所述的步骤必须真实具体，实验所呈现的现象和数据必须确切有

① 姚国建，李桦. 应用写作训练教程[M]. 合肥：合肥工业大学出版社，2018.

效，不能随意篡改、删减数据。

3. 可读性

撰写实验报告的人应该具备一定的文学素养，能够运用文字、表格、图片等形式清晰、准确地描述实验过程、记录实验数据、解析实验结果，且结构清晰，字迹工整，他人在阅读实验报告后，能够根据报告内容完成重复实验。

四、生物学实验报告的要素

1. 学生姓名和学号

不论是以个体为单位，还是以小组为单位，都应该写清参与实验的成员信息，如姓名和学号等。

2. 指导教师姓名

写清指导教师姓名，必要时标注联系信息。

3. 实验日期和实验室名称

实验日期（年、月、日、时）和实验室名称应该准确具体，必要时可描述实验室内环境，如温度、湿度等。

4. 实验名称

用精练的语言表述实验的基本内容。若是验证性实验，一般为"验证××××"，若是探究性实验，一般为"探究××××"，如"探究植物细胞的吸水和失水"，高中阶段多为探究性实验，验证性实验也可通过教师设计转化为探究性实验。

5. 实验目的

即实验要达到的目标。

6. 实验内容

包括实验原理和设计思路等。实验原理是实验设计的依据和思路，能够指导学生根据实验结果做出科学的判断。如在"检测生物组织中的糖类、脂肪和蛋白质"实验中，其原理为"某些化学试剂能够使生物组织中的相应化合物产生特定的化学反应"，学生根据相应的颜色反应，即可检测生物组织中糖类、脂肪和蛋白质的存在。设计思路即进行实验的基本路径，包括实验指标的测量等具体问题。

7. 材料用具

包括实验材料、仪器（需标注型号）、试剂。

8. 方法步骤

这是实验报告的重要内容，即实验的操作流程和涉及的重要方法。方法步骤可以以提纲、表格、流程图、图画等形式表现。如果以图画的形式表示实验步骤，应注意标注相应的文字加以辅助说明，力求清晰完整。

9. 实验结果

包括实验现象和实验数据等。实验结果的表述形式一般有四种。第一种为文字叙述，即以文字的形式，用专业的术语准确表示实验的现象和结果。第二种为列表格，这种方法较第一种更为简洁和清晰，适用于分组实验，绘制表格时应该注意将相应的物理量、单位表示清楚。第三种为画坐标图，可以是折线统计图，它能够清晰反映每组实验具体的数据值，也能进行不同组实验的比较；也可以是条形统计图，它能反映出一个变量对另一变量的影响，画坐标图要注意标清横纵坐标、刻度值等。第四种为画图，如初中“观察动物和植物细胞的结构”实验中，就需要学生画出观察到的细胞结构，并进行文字标注。

进行生物绘图时要注意以下几点①：

(1) 绘图前要仔细观察实验对象，注意绘制具有代表性的典型结构。

(2) 绘图时先要确定图在报告纸上的位置。所绘的图在报告纸上的位置不当，将会影响注字和说明。一般报告纸上方留下一部分空档，便于书写本次实验的名称等信息。一般在左中侧绘图，右侧标注各个结构的名称，下方标注绘图内容。

(3) 确定绘图的位置后，就要确定图的大小。一般要尽可能地把图画大一些。如果画的是细胞图，为了清楚地表明细胞内部结构，所绘细胞不宜过多，只绘 3～4 个即可。如果绘器官的结构图，也不一定把全部切面绘出，只绘 1/4 或 1/2 部分即可，但要能将需要反映的结构完整地表示出来。

(4) 绘图时先用软铅笔(HB)起草。当草图与实物基本符合后，用硬铅笔(2H 或 3H)把各部分的结构绘制出来。

(5) 绘图完成后，再与显微镜下的实物相对照，检查有无遗漏或错误。然后把各部分的名称标出，同时在图下方注明图的名称及显微镜的放大倍数。注字时要尽可能详细，所注的字最好在图右边一侧，用直线引出，排列要整齐。

10. 讨论与结论

结论是将实验结果加以概括性总结得出的判断，应与实验目的相对应，也是针对实验所阐明的问题、验证的概念或理论做出的简要总结。结论应做到用词准确，严谨客观，条理清晰，文字简练，既不是重复罗列具体过程，也不是对今后

① 温安祥.动物学实验[M].成都：西南交通大学出版社，2012.

研究的展望,未获充分证据的理论分析不应写入结论。

讨论应联系课堂讲授的理论知识,针对实验中所观察到的现象与结果,进行具体的定性或定量的分析。判断实验结果是否与预期的结果一致,它可以验证什么理论?实验结果有何意义?说明了什么问题?如果属于非预期的异常结果,则应重点分析其产生的可能原因,不能用已知的理论或生活经验硬套在实验结果上,更不能由于所得到的实验结果与预期的结果或者理论不符而随意取舍甚至修改实验结果。此外,也可以写出本次实验的心得体会,提出需要注意和解决的问题及具体的改进办法与建议。

五、范例

检测生物组织中的还原糖实验报告如表 5.7 所示。

表 5.7 检测生物组织中的还原糖实验报告

学生:×× 学号:×× 指导教师:×× 时间:×年×月×日×时 实验室:基础实验室

1. 实验目的 用化学试剂检测梨匀浆中的还原糖。
2. 实验内容 糖类中的还原糖,如葡萄糖,与斐林试剂发生作用,生成砖红色沉淀。可用斐林试剂检测梨匀浆中还原糖的存在。
3. 材料用具 实验材料:梨匀浆 仪器:刻度试管、试管架、试管夹、小烧杯、小量筒、滴管、水浴锅等 试剂:斐林试剂(甲液:质量浓度为 0.1 g/mL 的 NaOH 溶液。乙液:质量浓度为 0.05 g/mL 的 $CuSO_4$ 溶液)
4. 方法步骤 (1) 向试管内注入 2 mL 梨匀浆。 (2) 向试管内注入 1 mL 斐林试剂(甲液和乙液等量混合均匀后再注入)。 (3) 将试管放入盛有 50~65 ℃的温水中水浴约 2 min。 (4) 观察试管中出现的颜色变化。
5. 实验结果 将梨匀浆和斐林试剂混合加热后,混合液中出现砖红色沉淀。
6. 讨论与结论 该实验说明梨匀浆中存在还原糖。

第三节 生物学实验科技论文的撰写方法与范例

随着科学事业的日益发展，教育教学政策的不断改革，实验教学已经越来越受中学教师及学生的重视。学生对生物学实验的兴趣越来越浓厚，很多学生会利用课余时间在教师的指导下开展自主创新实验，并渴望将实验结果发表，但很多学生从未书写过生物学实验科技论文，导致投稿的文章很难被录用。同时实验科技论文写作也是教师进行科学研究的必要手段，有助于教师的职业发展，因此本节就生物学实验科技论文该如何撰写，进行简单的介绍。

生物学实验科技论文是对生物实验的手段、过程、现象以及实验的发现进行详细观测和系统的分析、归纳，找出其新的规律，并进行理论上的探讨或论证的科技学术的论文。这类论文以实验为主要研究手段，但它并不是实验一切情况的客观记录，而只记叙最有创造性或最能论证理论或假说的精湛部分过程，选用那些最能解释事实或作为理论上探讨依据的数据。科技论文所写内容必须真实反映客观事实，无论实验结果好坏，都要如实反映，而不能凭自己主观意愿随意删改。实验型科技论文在科技学术领域内运用范围最为广泛，它有比较固定的结构格式①。

一、生物学实验科技论文的格式

生物学实验科技论文应按照国标 GB/T 7713—1987《科学技术报告、学位论文和学术论文的编写格式》的规范要求撰写。基本包含标题、作者署名、摘要、关键词、引言、正文、结论或讨论、致谢与参考文献。

二、生物学实验科技论文的选题与题目确定

在撰写论文之前，先要确定论文的选题，只有选定了论文的主题，才能确定论文的具体题目和论证角度。生物学实验科技论文的选题可以是生物实验发现的新现象、新结果，通过实验找出的新规律或据此提出的新的理论和假说。也有少数实验型科技论文专门介绍实验装置的设计与改进手段，紧紧围绕实验方法和实验装置的介绍来研讨实验客观条件对实验结果的影响。选题确定后，就要确定题目，题目要求简明扼要，一般不超过 20 个字，要能准确概括论文的主题思想，太长的可以用副标题，但科技论文一般不用副标题。

---

① 尹均生.中国写作学大辞典（第三卷）[M].北京：中国检察出版社，1998.

三、作者署名

作者是论文的构思者、研究参与者、撰稿者，对于不能列在作者行列但又对研究有贡献的人，可以通过致谢表示感谢。合作论文的作者也要按照对论文工作贡献的大小来排序。此外，根据期刊的要求需要给出包括作者姓名、工作单位、邮编等信息在内的简介①。

四、摘要与关键词

摘要是对论文主要内容高度浓缩的独立的简短文摘，它使编辑或读者了解论文的特点，确定是否有必要阅读全文，同时也是为文摘刊物和检索系统收录提供便利。对于生物学实验科技论文的摘要来说，摘要应包含 4 个要素②：(1)目的：所做研究的目的或为了解决某一方面的问题；(2)方法：如果方法具有独创性，可对其进行简单的描述，但常规方法通常不用介绍；(3)主要结果：实验结果应具有实际价值，不是含糊的形容词，要用特定的数据、结果表现出来；(4)重要性和含义：对结果的重要性和潜在含义的解释，如"充实了……""本研究为……提供了依据、参考等"，摘要的字数一般在 200～500 字③。

关键词是放在摘要之后，能反映论文主题的指引性术语，是最简洁的论文介绍。一般是从文题、摘要、层次标题及重要段落中选出，从研究对象、学科范畴和采用的方法中抽取关键词。关键词一般 3～5 个为宜④⑤。

五、引言

引言也叫前言，在正文之前，是文章主体的开始，应言简意赅点到为止，起承上启下作用，在引言内容中可以简单提及生物学实验的研究背景、意义、现状等，也可以简单陈述研究内容，点名理论依据、实验基础和研究方法等。注意不要与摘要雷同，应尽快引出下面正文内容。

① 高妍，张颖，王清海.科技论文中摘要的编辑要点[J].世界地质，2011，30(3)：380.

② 王晓华，闫其涛，程智强，等.科技论文中文摘要写作要点分析[J].编辑学报，2010，21(S1)：53-55.

③ 雷邦海.科技论文的写作方法及基本要求[J].黔东南民族职业技术学院学报：综合版，2008(3)：58-60.

④ 岳英，丁丹丹，郝红梅，等.Word 排版＋InDesign 组版在科技期刊中的应用与优势分析[J].编辑学报，2019(5)：545-547.

⑤ 熊英，欧阳贱华，於秀芝，等.科技论文中图表的加工和校对[J].编辑学报，2011，23(2)：123-125.

六、正文

正文是文章的重点、主要论述的部分，大体上包含理论分析、实验材料和方法、实验结果及其分析几部分内容。

实验材料的表达主要指对材料的来源、性质和数量，以及材料的选取和处理等事项的阐述。方法的表达主要指对实验的仪器、设备，以及实验条件和测试方法等事项的阐述。写作要点是实验对象，实验材料的名称、来源、性质、数量、选取方法和处理方法，实验目的，使用的仪器、设备（包括型号、名称、量测范围和精度等），实验及测定的方法和过程，出现的问题和采取的措施等。实验材料和方法的阐述必须具体、真实。如果是采用前人的要注明出处；如果是改进前人的，则要交代改进之处；如果是自己提出的，则应详细说明，必要时可用示意图、方框图或照片等配合表述①。

实验结果及其分析是正文的核心部分，应该充分表达，并且可以采用表格、图解、照片等附件展示实验结果。这些附件，在论文中起到节省篇幅和帮助读者理解的作用。该部分内容对实验结果和具体判断分析要逐项探讨。实验科技论文一定不要篡改实验数据、伪造图表内容等，并提出误差分析。数据是表现结果的重要方式，其计量单位名称、符号，必须统一采用国家标准。文中要尽量压缩众所周知的议论，突出该研究的新发现，及经过证实的新观点、新见解。要让读者反复研究数据，认真评估判断和推理的正确性。作者在研究中，某些见解虽未充分证明，但要阐明。有些实验结果，在某些方面出现异常，无法解释，虽不影响主要论点，但要说明，供其他研究者参考。论述一定要符合逻辑推理形式。最后也可提出下一步研究设想或工作大纲，供读者参考。

七、结论或讨论

结论部分又叫结语或结束语，主要是对研究的全过程、试验的结果、数据等进行综合分析，得出准确反映客观事物的本质及其规律性的结论。结论要以事实为依据，将结果阐述清楚，一般包括四个方面：一是经过一定的数据处理、分析得出的结果；二是与已发表论文进行比较，重点突出本文研究的实验结果和创新性；三是指出论文在实际应用方面的价值以及理论意义；四是指出论文实验还有待完善的地方、未解决问题、进一步的研究建议等②。

---

① 佚名.科研论文撰写概述[J].合成润滑材料，2014,41(2):3.

② 钱素娟，赵晓宇.浅谈科技论文的写作及要点[J].才智，2017(3):62.

八、致谢与参考文献

致谢虽然不是科技论文的必要部分，但实验过程通常不是一个人完成的，对于在实验探究以及论文写作过程中给予帮助但不能列入作者行列的人或团体，可以在致谢中表示感谢。致谢一般放在结论之后，单独成段。致谢的内容要实事求是，对他人的劳动给予充分的肯定。

参考文献体现了对前人研究成果的尊重，同时也便于检索和统计，参考文献尽量是论文引用过的，并且是正式发行的书籍或期刊文献等①。在引用时要注意按照规范的标准，并按照文中引用的顺序来列出，一些期刊也常以作者名的首字母作为排序标准。不同期刊要求的参考文献书写格式一般是不同的，要按照具体的要求进行修改。

九、文稿的规范化

科技论文的标准化、规范化，对学术交流、科技成果的推广，及学科发展、编辑出版、文献管理和人类的资源共享都是十分重要的。它是衡量作者论文写作水平的重要标准之一。

论文中使用的专业术语，应采用全国科学技术名词审定委员会已公布出版的各学科的名词术语或各分支学科组织编写的名词术语词典中的名词术语。在使用时，应根据名词术语具有单一性的特点，准确选用并注意在文章前后使用的一致性。使用的物理量和单位，应严格执行国家标准 GB 3100～3102—93《量和单位》中规定的量和单位的名称、符号及其书写规则，采用国家法定的计量单位。

论文中图表一定要清晰直观、具有代表性。按科技论文中的插图规范，图的内容不可与文字、表格内容重复，按国家标准，插图必须有一定的图题和图序。插图的名称叫图题，图题应一目了然，具有专指性和自明性，能反映出主题的特定内容，读者一看图题就能理解论文意义。图序就是插图的序号，按插图在论文中出现的顺序用阿拉伯数字从“1”开始进行连续编号，如“图 1 题名”等。其中还需注意插图的规范，大小要适中以及插图质量、合适的线性选择，表格用三线表等。

① 岳英，丁丹丹，郝红梅，等. Word 排版＋InDesign 组版在科技期刊中的应用与优势分析[J]. 编辑学报，2019(5)：3.

一篇优秀论文是形式与内容的统一。笔者只要认真执行有关的国家标准和规定，切实进行科学研究，掌握科技论文的写作方法，了解编辑出版部门对文稿质量和编排格式的具体要求，精雕细琢，反复推敲，掌握一定的写作技巧，就能撰写出一篇高质量的科技论文。除此之外，写作科技论文时，要做到以下几个方面：①主题明确，不偏题；②论证充分，有说服力；③结论清楚，易理解；④逻辑严密，条理清晰；⑤言简意明，可读性强。

【科技论文范例】

酵母细胞活化方法的优化

（本文发表于《教学仪器与实验》2009 年第 4 期）

陈昀、朱晨（江苏省常州高级中学高二学生 江苏 213003）

指导教师：周雪峰（江苏省常州高级中学 江苏 213003）

摘要：针对高中生物教材（人教版）酵母细胞固定化实验的活化教学内容，采用调控温度、添加葡萄糖的方法，改进酵母细胞活化方法，以缩短活化时间、提高活化效果。

关键词：酵母细胞活化方法优化

在课堂学习中，我们知道了制备固定化酵母细胞的方法。在固定酵母细胞之前要对酵母细胞进行活化，即让处于休眠状态的酵母细胞重新恢复正常的生活状态。提高酵母细胞固定前活化状态，有利于节省实验准备时间和固定化酵母细胞的发酵，同时也可为家庭使用酵母粉制作食品提供参考。那么如何提高活化的效率呢？我们用教材中同品牌干酵母粉作为实验材料，开展了优化酵母细胞活化方法的探究活动。

1 实验方案

1.1 温度对酵母细胞活化的影响

1.1.1 取 5 只 250 mL 小烧杯，各加入 100 mL 20 ℃、25 ℃、30 ℃、35 ℃、40 ℃蒸馏水，标记。

1.1.2 分别称取 1 g 干酵母粉，放入小烧杯中，搅拌，使酵母细胞混合均匀，恒温。

1.1.3 在不同时间取样，分别用血球计数板计数，记录结果。

表 5.8 活化酵母细胞在不同温度下数量变化统计表（$\times 10^6$个/mL）

时间	温度				
	20 ℃	25 ℃	30 ℃	35 ℃	40 ℃
起始	5.02	5.33	5.82	5.95	6.08
5 min	7.34	8.15	8.24	9.89	8.38
10 min	8.34	8.56	8.74	10.22	8.61
15 min	8.66	10.58	11.98	12.24	10.26

1.1.4 分析

由表 5.8 可以看出，当水温控制在 35 ℃左右时酵母细胞活化的数量是最优的，达到了 1.224×10^7个/mL，并且在 10 min 之内就已经远远超出其他情况。

1.2 葡萄糖对酵母细胞活化的影响

1.2.1 取 6 只 250 mL 小烧杯，各加入 100 mL 10 ℃的蒸馏水，0.2 mol、0.4 mol、0.6 mol、0.8 mol、1 mol 的葡萄糖溶液，标记。

1.2.2 分别称取 1 g 干酵母粉，放入小烧杯中，搅拌，使酵母细胞混合均匀，恒温。

1.2.3 在不同时间取样，分别用血球计数板计数，记录。

1.2.4 结果

表 5.9 活化酵母细胞在不同葡萄糖浓度下数量变化统计表（$\times 10^6$个/mL）

时间	浓度（mol/L）					
	蒸馏水	0.2	0.4	0.6	0.8	1.0
起始	2.50	2.53	2.55	2.56	2.58	2.57
5 min	2.62	3.32	3.60	4.09	4.02	3.71
20 min	2.78	4.61	5.34	5.64	5.70	5.53
35 min	3.29	5.41	5.89	8.92	7.15	6.03

1.2.5 分析

由表 5.9 可以看出，当水温都控制在 10 ℃时，葡萄糖浓度控制在 0.6 mol/L 时酵母细胞活化的情况是最佳的，尽管到 20 min 时数量都与其他情况相近，但是经过 20 min 到 35 min 之间的一次数量暴发后，活化酵母总量便远超其他浓度的情况，达到 8.92×10^6个/mL。

2 效果比较

酵母细胞活化过程实际上就是其代谢强度增加的过程，在代谢过程中酵母细胞需要消耗溶液中的氧气，通过测定溶液中溶氧的含量变化，就可以反映酵母细胞的代谢状态，从而反映活化效果。

为了说明酵母细胞在 35 ℃、0.6 mol/L 葡萄糖溶液的条件下与在教材中要求的清水、室温条件下的活化差异，我们利用朗威 DIS 系统中的溶解氧传感器检测其溶液溶氧量变化，通过 DIS 实验室 6.0 数据分析软件得出以下变化曲线：

2.1 35 ℃、葡萄糖溶液浓度为 0.6 mol/L 时酵母细胞溶液中溶氧变化曲线（初始值为 5.0）如图 5.1 所示。

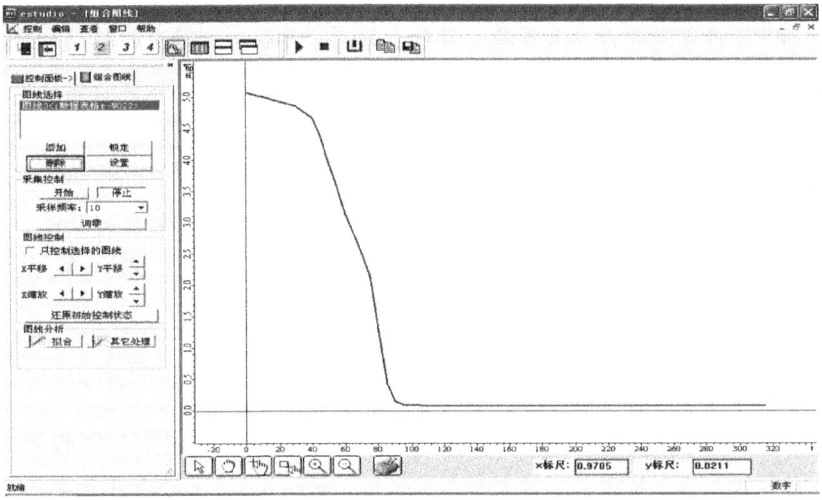

图 5.1 结果分析图(一)

2.2 室温（定为 20 ℃）、蒸馏水中酵母细胞溶液中溶氧变化曲线（初始为 2.8）如图 5.2 所示。

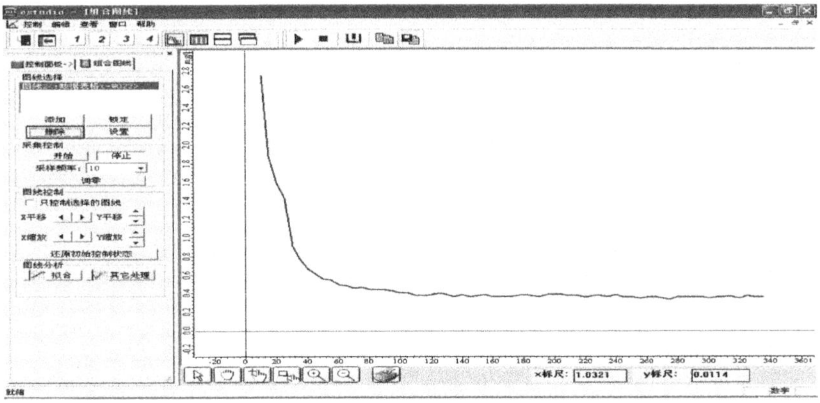

图 5.2 结果分析图(二)

2.3 结果分析

结合溶氧变化曲线发现，对照组的溶氧减少速率较慢（实验组在100 s内溶液溶氧量就下降了98.42%，而在对照组中仅为86.54%），并且剩余溶氧远高于实验组（实验组仅为0.08，而对照组为0.37）。

3 结论

相对教材上清水、室温的条件，选用35 ℃、0.6 mol/L葡萄糖溶液可明显加速酵母细胞活化效果，节省实验准备时间，最终提高固定化酵母细胞发酵效果。

另外，从两次实验的结果还可以发现，不论是温度还是葡萄糖浓度，都会引起活化酵母细胞数量的一次暴发。但是，不加葡萄糖、温度较高时酵母细胞数量暴发时间在10 min到15 min之间，而提供葡萄糖、温度相对较低时暴发时间就在20 min到35 min之间。并且结果显示，35 ℃、15 min时酵母细胞数量就可达1.224×10^{7}个/mL，而葡萄糖浓度为0.6 mol/L、温度10 ℃在35 min时才仅为8.92×10^{6}个/mL，这两个实验结果说明温度这一因素比葡萄糖浓度这一因素对于酵母细胞活化更为重要。所以，在家庭制作食品的应用中，可以通过简单地控制温度来达到较好的活化效果。

参考文献：

朱正威，孙万儒，赵占良.生物选修1：生物技术实践.北京：人民教育出版社，2007.